技工教育汽车类专业概论系列教材

汽车技术服务与营销专业概论

刘海峰 主　编
侯朋朋　李　倩 副主编

人民交通出版社股份有限公司

北京

内 容 提 要

本书是技工教育汽车类专业概论系列教材之一,主要内容分为汽车技术服务与营销专业概述、汽车技术服务与营销专业人才培养概述、汽车技术服务与营销专业技术概述、汽车技术服务与营销专业学习成长规划四个项目。项目下又分若干个任务,每个任务包括任务目标、任务内容、活动场景、活动目标、活动计划、活动资源、活动展示、活动评价八个部分。

本书可作为技工类院校汽车类相关专业的概论教材,也可作为汽车类相关专业的参考书。

图书在版编目(CIP)数据

汽车技术服务与营销专业概论/刘海峰主编. —北京:人民交通出版社股份有限公司,2021.8
ISBN 978-7-114-17476-6

Ⅰ.①汽… Ⅱ.①刘… Ⅲ.①汽车—销售管理—商业服务—概论②汽车—市场营销学—概论 Ⅳ.①F766

中国版本图书馆 CIP 数据核字(2021)第 151604 号

Qiche Jishu Fuwu yu Yingxiao Zhuanye Gailun

书　　名:	汽车技术服务与营销专业概论
著 作 者:	刘海峰
责任编辑:	郭　跃
责任校对:	孙国靖　卢　弦
责任印制:	张　凯
出版发行:	人民交通出版社股份有限公司
地　　址:	(100011)北京市朝阳区安定门外外馆斜街 3 号
网　　址:	http://www.ccpcl.com.cn
销售电话:	(010)59757973
总 经 销:	人民交通出版社股份有限公司发行部
经　　销:	各地新华书店
印　　刷:	北京虎彩文化传播有限公司
开　　本:	787×1092　1/16
印　　张:	6
字　　数:	99 千
版　　次:	2021 年 8 月　第 1 版
印　　次:	2021 年 8 月　第 1 次印刷
书　　号:	ISBN 978-7-114-17476-6
定　　价:	28.00 元

(有印刷、装订质量问题的图书由本公司负责调换)

前言

近年来，汽车行业迅猛发展，汽车产销量大幅增长。各职业院校根据市场需求，相继开设了汽车技术服务与营销专业。选择适用的教材，对于院校专业建设至关重要。技工教育汽车类专业概论系列教材是在各行业、企业技术专家的大力协助下编写而成。

本系列教材在编写过程中，采用职业院校大力推广的"基于工作过程的任务教学法"体例，项目规划科学，任务分解合理，利于教学过程中的讲解与活动组织。本系列教材依据现有行业、企业与学校的实际情况进行编写，实现概论教学与专业课、专业基础课、文化基础课企业实践无缝对接。

本书由山东交通技师学院刘海峰担任主编，由侯朋朋、李倩担任副主编，由刘海峰负责统稿。书中共有4个项目13个任务。项目一由白建民编写，项目二由侯朋朋编写，项目三由李倩编写，项目四由陈浩源编写。

限于编者水平，书中难免有疏漏和错误之处，恳请广大读者提出宝贵建议，以便进一步修改和完善。

编　者
2021 年 5 月

目录

项目一　汽车技术服务与营销专业概述 … 1
　　任务一　了解汽车技术服务与营销专业发展背景 … 1
　　任务二　知道汽车技术服务与营销专业发展现状 … 7
　　任务三　了解汽车技术服务与营销专业发展趋势 … 10

项目二　汽车技术服务与营销专业人才培养概述 … 15
　　任务一　认识工作岗位 … 15
　　任务二　知道能力需求 … 19
　　任务三　了解课程设置 … 27
　　任务四　熟悉保障措施 … 38

项目三　汽车技术服务与营销专业技术概述 … 47
　　任务一　认知销售接待流程 … 47
　　任务二　掌握日常维护业务接待 … 54

项目四　汽车技术服务与营销专业学习成长规划 … 65
　　任务一　学习榜样 … 65
　　任务二　认识学习成长规划 … 71
　　任务三　知道学习成长规划过程 … 77
　　任务四　撰写学习成长规划 … 84

参考文献 … 88

项目一　汽车技术服务与营销专业概述

任务一　了解汽车技术服务与营销专业发展背景

任务目标

（1）能熟练介绍汽车销售的各种模式。
（2）能简单说出汽车销售各种模式的优缺点。

任务内容

活动：介绍"我"身边的汽车销售模式

活动场景

某品牌厂家派调查员到您所处的4S店，检查了解经营状况，请用自己的方式给调查员介绍一下，让其对本店能有深刻印象，并将介绍的过程用视频的形式记录下来。

活动目标

（1）能用普通话流利地向调查员介绍本店的相关情况。
（2）能将介绍过程合成为2min左右的视频文件。
（3）视频要求。
①"剧本"合理、完整；
②介绍时能用普通话，且大方、得体；
③视频完整、清晰。

活动计划

1. 分工

2名调查员：_____ 1名介绍人员：_____

1名摄像：_____ 1名拍照人员：_____

1名导演：_____ 1名编剧：_____

后期制作：_____

2. 设备准备

_____

3. 剧本准备

_____
_____
_____
_____
_____

活动资源

一、汽车营销模式的种类

1. 4S专卖店模式（图1-1-1）

4S专卖店是集整车销售、售后服务、零配件供应和信息反馈功能于一体的四位一体模式，是目前汽车厂家积极推行的主要模式。这种专卖店的经营、销售和服务都较规范，营销服务项目可不断扩展，能为消费者提供更完善的服务。但是，4S专卖店为客户提供维修等服务的费用较高，运营成本也较高。

2. 汽车超市模式（图1-1-2）

汽车超市也称为汽车城，是在城市中专门销售汽车的市场，其中聚集了各种品牌的汽车专卖店，同时还有保险公司、金融机构、餐饮服务店等，集汽车销售、服务、信息、文化等多种功能于一体。这种模式营业面积较大、销售品种齐全、市场内部竞争激烈，因此，可以使消费者获得更实惠的产品和更便利的服务。但是，这种模式需要高额的投资、占地面积大、固定成本高。

图1-1-1 4S专卖店外观

图1-1-2 汽车超市

3. 网上销售模式（图1-1-3）

在网络经济时代,随着网络信息技术的发展,电子商务带动了汽车产业的发展。汽车营销产业充分运用网络所带来的优势开展网上汽车直销。这种模式可以让消费者轻松地了解汽车产品的最新信息,通过定制服务满足个性化需求。同时,网络有传播信息成本低廉、跨越时空限制等优点,可使消费者获得更多的实惠。它是信息时代汽车营销模式新的发展趋势。随着我国汽车产业的不断发展,以建立网站的方式进行品牌营销已经非常普遍。汽车网上营销从网络产业中寻找汽车销售的业务链,以求实现汽车销售更大的价值链。据统计,网上汽车订单大部分聚集在知名度较高的企业产品上,且占比大于50%。同时,网上购车者订车的价位也相对较高,20万元以上价位汽车的订单约占订单总数的40%,这反映了中高档汽车通过网络销售的巨大潜力。

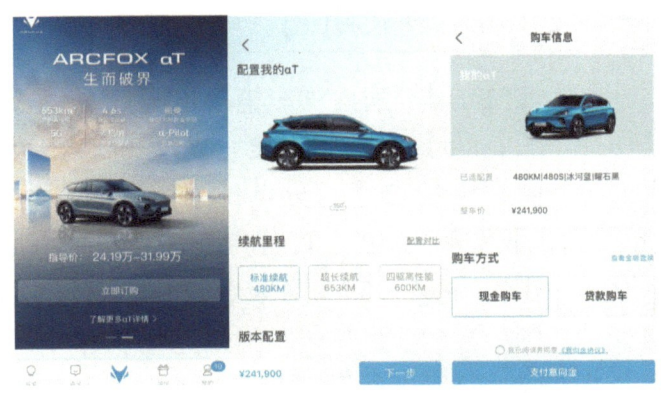
图1-1-3 某品牌汽车销售软件

二、汽车销售行业概况

汽车产业是我国经济的支柱之一。汽车产业链的末端就是汽车销售服务企业。其负责将汽车从整车厂商送到消费者手中,并为存量汽车提供车辆维护服务,是推动汽车产业健康发展的重要力量。

据中国汽车工业协会统计分析(图1-1-4):2018年全年国内汽车共销售2803.94万辆;2019年全年国内汽车共销售2576.9万辆,同比下降8.2%;2020年1月至4月国内汽车共销售578.34万辆,主要受新冠肺炎疫情影响,2月汽车产销环比和同比均大幅下降,且降幅明显高于1月。2020年1月至3月,汽车工业重点企业(集团)各主要经济指标仍呈现下降趋势,但降幅比1月至2月有所收窄;4月,国内疫情防控形势持续好转,汽车行业产销也逐步恢复到正常水平,当月产销环比继续保持较快增长,同比也结束下降,小幅增长。

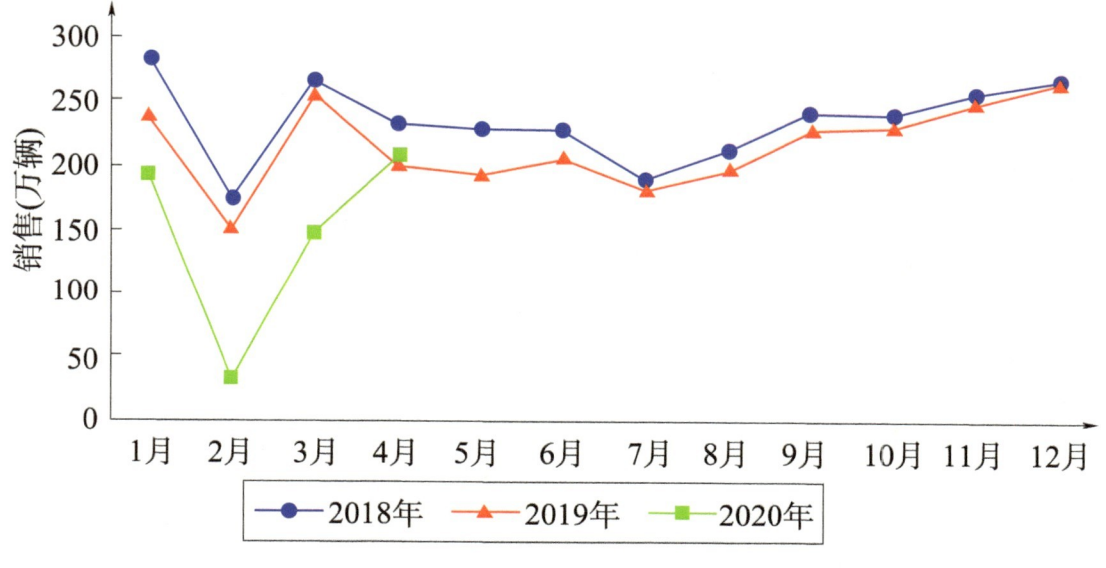

图1-1-4　国内汽车销售情况

2020年1月至4月(图1-1-5),汽车制造业完成营业收入19520.8亿元,同比下降20.7%,降幅比一季度收窄10.2个百分点,比上年同期扩大15.3个百分点,高于同期规模以上工业企业降幅10.8个百分点。1月至4月,汽车制造业营业成本达到16790.4亿元,同比下降19.5%,降幅也比一季度有所收窄。

2020年1月至4月(图1-1-6),受汽车产销快速增长影响,汽车制造业利润降幅比一季度呈一定收窄态势,但仍然明显高于同期。1月至4月,汽车制造业完成利润680.8亿元,同比下降52.1%,降幅比一季度收窄28.1个百分点,比上年同期扩大26.2个百分点,高于同期规模以上工业企业利润降幅24.7个百分点。4月后,随着汽车市场逐步回暖,行业利润降幅也呈一定收窄,但汽车市场总体消费动能依然不足,给企业提升盈利水平增加了较大难度。

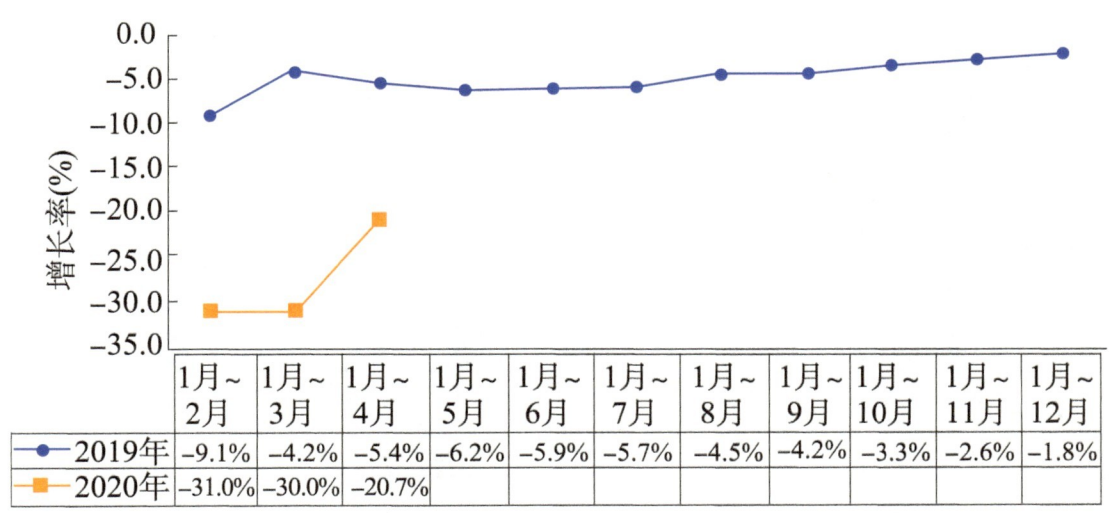

图 1-1-5 2019 年至 2020 年各月汽车制造业完成营业收入累计增长率

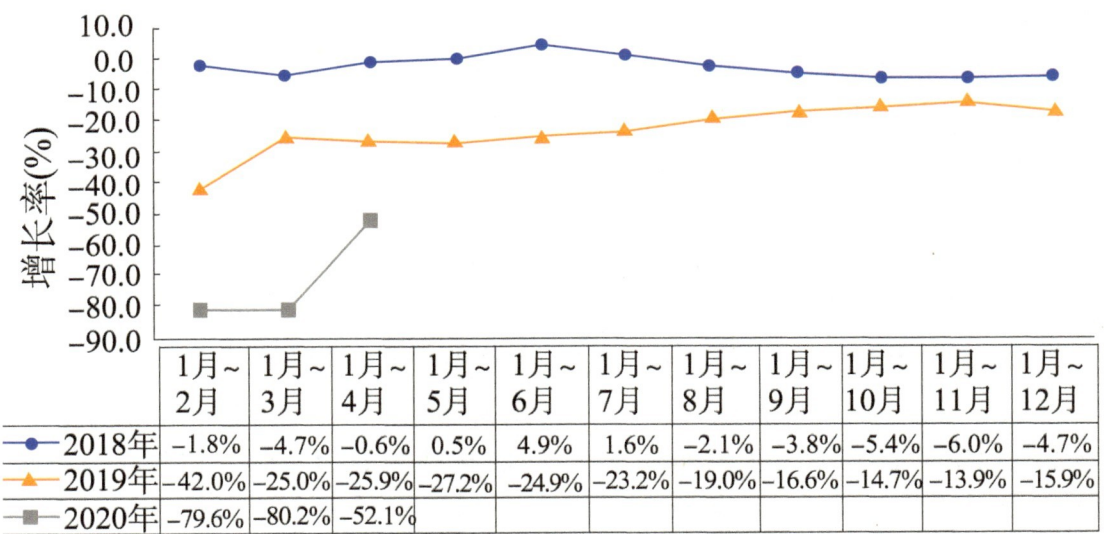

图 1-1-6 2018 年至 2020 年各月汽车制造业实现利润累计增长率

据中国汽车工业协会统计分析(图 1-1-7):2020 年 1 月至 4 月,中国品牌汽车销量排名前十家企业依次是上汽、长安、吉利、东风、一汽、长城、北汽、奇瑞、江淮和重汽。与上年同期相比,一汽销量呈较快增长,重汽降幅略低,其他企业均呈较快下降趋势,其中上汽和长城降幅最为明显。1 月至 4 月,上述十家企业共销售 251.75 万辆,占我国品牌汽车销售总量的 84.72%。

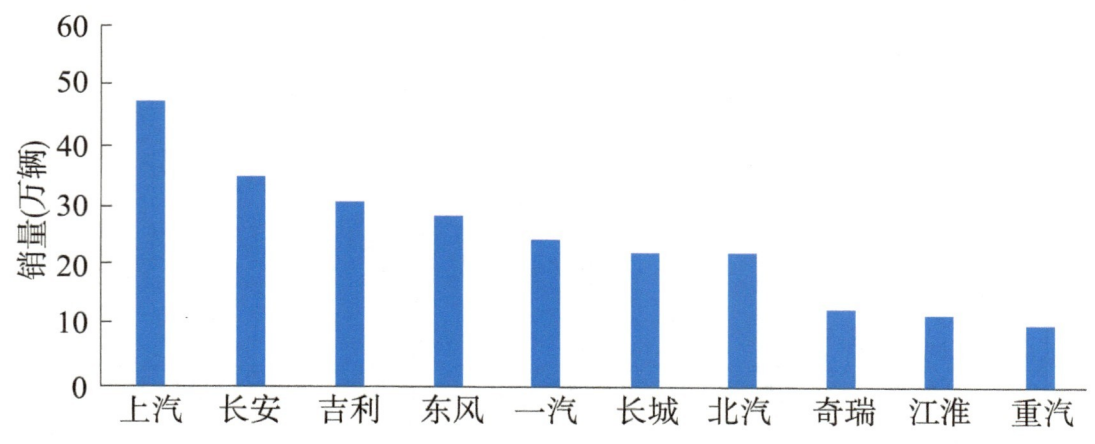

图1-1-7　我国品牌汽车销量数据图

汽车总体保有量的持续增长,带动了汽车后市场的汽车维修、零部件供应、金融服务、保险服务、附件销售、二手车销售、驾驶培训市场空间的增长。一般而言,汽车后市场是汽车产业链中最稳定的利润来源,可占据总利润的60%～70%。

汽车后市场需要大量的从业人员。在未来相当长的时间内,涉及汽车后市场的汽车企业管理、汽车技术服务与贸易、汽车保险与理赔等方面的市场行为越来越多,也急需大量汽车服务专业人才。汽车技术服务与营销人员需求量将持续上升,人才需求将达到较大规模。与此同时,相关人员素质远远满足不了行业发展需要,大量未经任何培训的人员进入汽车服务行业。我国汽车服务行业人员中,初中及以下文化程度占38.5%,高中文化程度占51.5%,大专及以上文化程度仅占10%(其中专科层次的占了大多数,而本科层次的更少),结构比例约为4:5:1。在发达国家,这一比例一般为2:4:4。从业人员中的技能等级状况同样令人担忧,技师和高级技师仅占技工总数的8%。从业人员整体素质不高,导致劳动生产效率低、管理水平不高、服务质量不到位。最近几年由于汽车专业的中职和高职毕业生进入市场,这一状况有所改观,但是高素质的专业人才,尤其是掌握多种专业知识和技能的复合型人才仍然非常紧缺。

活动展示

教师审核视频,学生以小组为单位在自媒体上展示,获取点赞量。

活动评价

活动评价表见表 1-1-1。

活 动 评 价 表　　　　表 1-1-1

评分项	是否达到目标 （30%）	活动表现 （40%）	职业素养 （30%）
评价标准	1. 完全达到； 2. 基本达到； 3. 未能达到	1. 积极参与； 2. 主动性一般； 3. 未积极参与	1. 大有提高； 2. 略有提高； 3. 没有提高
自我评价（20%）			
组内评价（20%）			
组间评价（30%）			
教师评价（30%）			
总分（100%）			
自我总结			

任务二　知道汽车技术服务与营销专业发展现状

了解各种营销工作岗位的岗位职责。

活动：我的地盘听我的

活动场景

你作为4S店的人力资源部门的面试官，负责一次招聘面试。本次招聘面试销售顾问、服务顾问、理赔人员、仓管人员数名。

活动目标

（1）能用普通话流利地提问被面试者。
（2）能设计准备面试过程中的问题。
（3）能根据优胜劣汰的原则选择出适合岗位的人员。
（4）能总结出你做出选择的理由，并能陈述你作为面试人员最需要注意哪方面的素质。

活动计划

1. 分工
2名面试官：_____　　1名记录人员：_____
2名服务顾问候选人员：_____　　2名销售顾问候选人员：_____
2名仓管员候选人员：_____　　2名理赔人员候选人员：_____
1名导演：_____　　1名编剧：_____

2. 设备准备
_____

3. 剧本准备
_____
_____
_____
_____
_____

活动资源

汽车技术服务与营销专业以培养创业群体的综合能力为基础,着重培养汽车销售人员的整车销售能力、汽车配件销售能力、汽车销售市场预测能力和汽车售后服务能力。

汽车技术服务与营销专业是一个跨越经济管理和汽车两大门类的交叉学科,专业领域涉及汽车技术和市场营销,其职业素养和专业技能涵盖了工程技术和社会人文两个方面,对从业人员有从技能到心智的全方位要求。从专业所对应的工作岗位来看,汽车技术服务与营销专业主要面向汽车销售与汽车售后服务接待的岗位群,涉及汽车市场开发与拓展、汽车整车销售(图 1-2-1)、汽车配件销售、汽车维修接待(图 1-2-2)、汽车消费信贷、二手车评估与营销、汽车保险与理赔等相关岗位,所需要的职业能力集中于汽车市场调查、汽车营销策划、汽车销售技巧、汽车维修接待服务。以上 4 项构成了汽车营销专业的核心能力,而相关拓展能力又涉及汽车保险与理赔、汽车鉴定与评估、汽车消费信贷等。

图 1-2-1　汽车销售顾问

图 1-2-2　汽车服务顾问

从以上分析可以看出,汽车技术服务与营销专业是一个涉及多领域、要求高技能、学生就业方向不是太明确的专业。目前大部分开设汽车技术服务与营销专业的院校人才培养目标定位模糊,学生毕业没有具体就业指向;课程设置汽运化,硬生生加上营销与服务的课程或者侧重技术服务,附带学习营销,忽视了学生岗位核心能力的培养。而且目前的学制也无法保证学生在校学习期间,既能把技术学精,又能把营销学好。目前用人单位对汽车技术服务与营销专业毕业生的需求主要分布在汽车销售顾问和汽车服务顾问两个岗位,事实上这也是目前该专业学生毕业后主要从事的两个岗位。因此汽车技术服务与营销专业培养目标应该是为汽车后市场培养销售顾问、服务顾问,为学生打下坚实的知识基础、技能基础与心智基础,使其各方面素质与工作岗位要求相匹配。

活动展示

教师全程观看面试过程,学生以小组为单位总结各个工作岗位的职责。

活动评价

活动评价表见表 1-2-1。

活动评价表　　　　　　表 1-2-1

评分项	是否达到目标 （30%）	活动表现 （40%）	职业素养 （30%）
评价标准	1. 完全达到； 2. 基本达到； 3. 未能达到	1. 积极参与； 2. 主动性一般； 3. 未积极参与	1. 大有提高； 2. 略有提高； 3. 没有提高
自我评价(20%)			
组内评价(20%)			
组间评价(30%)			
教师评价(30%)			
总分(100%)			
自我总结			

任务三　了解汽车技术服务与营销专业发展趋势

了解各种汽车营销岗位的发展趋势。

项目一　汽车技术服务与营销专业概述

任务内容

活动：我"说"4S店

活动场景

　　为了使4S店向着更好的方向发展,某4S店组织了一次网络客户提建议活动,任何意见都可以发表在微信公众号下,4S店会根据点赞数量对建议排序,排名前20名建议的发表者将获取相应的奖品。

活动目标

(1) 能有效宣传本活动。
(2) 能针对可行性建议提出改进方案并执行。
(3) 能对不合理的建议给予认真积极的回复。
(4) 能组织策划本活动,锻炼市场部需要的相应能力。

活动计划

1. 分工
5名客户：_____　　2名公众号管理人员：_____
1名导演：_____　　1名编剧：_____

2. 设备准备
_____

3. 剧本准备
_____
_____
_____
_____
_____

> 活动资源

一、行业问题分析

（1）以4S店为例，目前我国4S店的投资经营的各公司的实力水平参差不齐。在经营方面也比较盲目，没有有效的计划，不考虑投资成本的回收问题，只是一味追求豪华和一流。这样的发展模式有悖于市场规律，不仅浪费大量的社会资源，也为自身的生存发展背上沉重的经济包袱。

（2）我国汽车销售服务行业收益较低，目前仅有一些高档品牌和主流品牌的4S店可维持自身的发展并获得盈利。此类4S店在整车销售方面的利润下降时，仍然可以利用强势品牌汽车规模大、效益高、售后服务好等为自己赢取利润。而那些市场占有量小、品牌知名度低的4S店的发展状况则进退两难，由于其代理的汽车品牌缺乏庞大的消费群体和客户而使自身显得门庭冷落，导致公司收益低而难以为继。

（3）在当前的市场形势下，汽车经销商处于弱势地位。目前我国汽车市场的不成熟性也直接造成汽车4S店经营模式的扭曲，以销售换利润、以维修和保险赚资金成为众所周知的经营现象。

（4）其他方面上，大部分的4S店的软件服务与硬件建设发展不平衡，软件服务滞后；营销人员技术知识缺乏，维修服务队伍也缺乏对新装备、新技术的认知度；营销观念滞后、服务理念认识浅薄等。

二、对策建议及发展趋势

1. 加大对人才的培养和管理

提升销售人员的销售预测水平，进而提高销售规划的科学性和准确性。对于关键客户和意向明显的客户必须要努力地拓展和保留，重点做好这些客户的相关工作，提高他们的满意程度。

提高财务管理水平，强化资金支持力度，降低日常管理和运行的资金压力。在市场拓展方面投入更多的人力、物力、财力和精力，强化汽车销售旺季的综合实力。

在日常销售工作当中，要求销售人员珍惜每一次与客户或潜在客户的接触机会，切实提高销售人员的销售业绩和成交数量。认真设计每一个流程的话术、交流技巧、肢体语言等细节信息，能够在最大程度上提高交流的深入性和成交成功率。

2. 重视售后市场和服务领域，争取更大的利润

总结并分析世界各国正常经营的汽车销售商利润构成后发现，售后市场及服务领域占据了较大的利润比例。目前，汽车售后服务市场上的竞争主要在4S店和维修厂之间展开，4S店的服务比较完善，而在维修厂则维护更方便且省钱。面对激烈的市场竞争，国内汽车销售服务行业必须顺势而为，把服务作为企业最重要的核心竞争力。因此，做好售后服务各项工作，不断提高品牌客户满意度，培养客户忠诚度，是许多4S店面临的重要课题之一。另外，一直以来，汽车业界更重点关注汽车销售，业内新闻媒介针对汽车销售人员的各种评比活动层出不穷，而汽车维修方面一直处于冷落的地位，且近几年针对汽车维修方面的投诉也日趋增长。因此打造店面的维修明星工程师，向客户展示优质的维修技术和服务水平，有助于企业的美誉度的提升，打消客户的顾虑，促进店内维修量的稳步增长。

3. 提高增值业务渗透率

要稳住核心业务，需提高增值业务渗透率的权重，进一步推广增值业务，强化与金融公司和保险公司的合作，开发设计优质的增值业务，寻找新的利润增长点等。

面对未来，我国的汽车销售服务行业毫无疑问将随着市场格局的转变而发生巨大变化，因此分析当前国内汽车市场所处的实际历史阶段，分析未来汽车市场创新与发展趋势，具有极大的现实意义。我国的汽销售服务行业必须勇于创新，实现营销战略策略的优化升级，才能率先在竞争中脱颖而出。

活动展示

教师全程观看过程，学生以小组为单位总结本专业的未来发展趋势。

活动评价

活动评价表见表1-3-1。

活 动 评 价 表　　　　表1-3-1

评分项	是否达到目标（30%）	活动表现（40%）	职业素养（30%）
评价标准	1. 完全达到； 2. 基本达到； 3. 未能达到	1. 积极参与； 2. 主动性一般； 3. 未积极参与	1. 大有提高； 2. 略有提高； 3. 没有提高

续上表

评分项	是否达到目标（30%）	活动表现（40%）	职业素养（30%）
自我评价(20%)			
组内评价(20%)			
组间评价(30%)			
教师评价(30%)			
总分(100%)			
自我总结			

项目二　汽车技术服务与营销专业人才培养概述

任务一　认识工作岗位

任务目标

(1) 了解汽车技术服务与营销专业相关岗位及工作内容。
(2) 了解各岗位的晋升空间。

任务内容

活动：校园招聘会

我们在选择汽车技术服务与营销专业时就已经或多或少地对这个专业有所了解，那么从这个专业毕业了之后，我们有哪些岗位可以选择呢？每个岗位的具体工作内容和岗位职责是哪些呢？在开始学习专业课之前，对自己的专业岗位工作内容和岗位职责进行了解是至关重要的。

某市新开了一家汽车4S店，现需要招贤纳士，你作为该店的人事专员，请对汽车技术服务与营销专业提供的就业岗位、工作内容、岗位职责、晋升渠道进行归纳总结，制作招聘简章，并且顺利完成招聘任务。

活动目标

(1) 能积极参与团队合作，查阅资料，并制作招聘简章。
(2) 能用普通话流利地为其他同学介绍学习本专业的学生就业后所从事的工作岗位、工作内容以及岗位职责。

(3) 能顺利地组织完成招聘会，并找到满意的人才。

活动计划

1. 分工

2 名资料收集员：_____   1 名记录员：_____
1 名人资专员：_____   1 名应聘人员：_____
1 名导演：_____   1 名编剧：_____

2. 设备准备

_____

3. 剧本准备

_____
_____
_____
_____
_____

活动资源

汽车技术服务与营销专业培养学生拥护党的基本路线，德、智、体、美等全面发展，具有汽车销售顾问、服务顾问、配件专员、二手车专员等岗位必须具备的汽车性能评价与整车销售、汽车维修业务接待、配件管理与销售、二手车评估与交易等专项能力，并具备爱岗敬业与协作沟通等良好职业道德，成为"懂技术、精服务、善营销、会管理"的适应汽车销售与服务领域一线需求的高素质技术技能型人才。

一、职业范围

汽车技术服务与营销专业主要面向汽车营销和维修企业事业单位的汽车销售、汽车配件管理及用品销售、二手车销售、车险理赔等岗位。毕业生也可以从事汽车售后服务、市场以及客服等服务工作，具体见表 2-1-1。

汽车技术服务与营销岗位职业描述表　　表 2-1-1

序号	岗位群	职位描述
1	汽车销售顾问	组织、实施汽车的销售计划，完成汽车销售客户接待、车辆介绍、客户洽谈及成交的全部业务过程；与相关人员进行业务沟通和技术交流

项目二　汽车技术服务与营销专业人才培养概述

续上表

序号	岗位群	职位描述
2	汽车配件管理及用品销售	负责采购管理、入库管理、出库管理、仓储管理等；了解客户需求，为客户推荐适宜的汽车零配件或汽车用品；正确解释零配件或用品的使用方法；准确结算并提交发票等票据
3	二手车销售顾问	负责二手车评估、组织货源和开展销售等工作
4	汽车保险专员	接受客户委托，为客户设计车辆投保方案，对车辆保险条例进行据实说明，出具报单和相关文件凭证；接受客户的报案，对事故车辆能够进行现场查勘，正确进行事故损失估损，能够正确计算赔付额，并整理出具相应文件凭证
5	前台接待	负责售后服务中客户汽车进厂维护的接待和基本故障诊断等工作；与客户保持服务跟踪；与保险理赔、维修等部门进行沟通联系
6	汽车市场专员	制订汽车营业推广方案，联系厂家，进行资源管理，进行网络营销，组织广告和品牌推广活动
7	网络营销员	通过网络平台宣传推广产品，发布公司相关产品信息、论坛发帖、微信推广；通过搜索引擎、行业网站等渠道吸引潜在的新客户咨询，开发新客户，维系老客户
8	汽车服务顾问	负责客户接待、问诊、车辆预检、签订派工单、异议处理、客户回访等工作
9	客休区专员	维护入车及预约管理系统及经销商管理系统；将客户预约变更通知相应服务顾问；按要求将售后信息对客户数据库进行及时更新；随时保持接待区域及前台整洁，给客户留下良好印象；根据经销商政策，在展厅陈列产品的促销材料

二、发展空间

对于汽车技术服务与营销专业的毕业生，可以通过相应考试进入高等职业院校学习。

除此之外，汽车技术服务与营销专业的毕业生的发展方向为汽车营销，主要是考取国家注册的汽车营销师以及国家注册的汽车评估师。同时，也可以在相关岗位工作一定时间后，晋升到更高一级岗位，具体的职业发展路径见表2-1-2。

汽车技术服务与营销专业岗位群职业发展规划表　　表2-1-2

序号	岗 位 群	职业发展路径
1	汽车销售	销售顾问
		销售助理
		展厅经理
		销售总监
2	市场	市场专员
		计划员
		市场总监
3	客户服务	客服专员
		客服经理
4	二手车销售	二手车销售
		二手车经理
5	车险理赔	保险专员
		保险主管
6	汽车售后服务	服务顾问
		服务经理

活动展示

教师审核招聘过程，学生以小组为单位展示，其他组成员可参与应聘。

活动评价

活动评价表见表2-1-3。

项目二　汽车技术服务与营销专业人才培养概述

活动评价表　　　　　表2-1-3

评分项	目标达成度（30%）	活动表现（40%）	职业素养（30%）
评价标准	1. 完全达到； 2. 基本达到； 3. 未能达到	1. 积极参与； 2. 主动性一般； 3. 未积极参与	1. 大有提高； 2. 略有提高； 3. 没有提高
自我评价(20%)			
组内评价(20%)			
组间评价(30%)			
教师评价(30%)			
总分(100%)			
自我总结			

任务二　知道能力需求

(1) 了解汽车技术服务与营销专业的人才培养目标。
(2) 了解就业后应具备哪些职业素养。

任务内容

活动一：我来做总经理

汽车技术服务与营销专业的培养目标必须符合区域经济发展需求、行业特征、产业结构、职业要求,需要根据行业发展进行专业定位,以学生就业为导向确定人才培养目标。

活动任务

根据本专业岗位群及岗位职责,假设你是一家4S店的总经理,你将如何确定店里各岗位的培养目标、各岗位人员最终需要达到的水平,进而使你的4S店实现经济效益最大化。

活动目标

(1)能正确说出本专业的培养目标。
(2)能设计并填写《岗位群—培养目标对照表》。

活动计划

确定分工(角色扮演,总结本角色专业培养目标)。

售后总监:_____   库管员:_____
售后服务经理:_____   车间主任:_____
配件经理:_____   展厅经理:_____
销售顾问:_____   服务顾问:_____
索赔专员:_____   理赔专员:_____

《岗位群—培养目标对照表》设计:_____

活动资源

图 2-2-1　销售顾问

汽车技术服务与营销专业的培养目标为:培养具有良好职业道德,德、智、体、美等全面发展,面向汽车行业,掌握应用汽车技术服务与营销专业必备的知识和技能,具有汽车检测、整车销售、事故勘察的能力,能在汽车行业从事汽车的检测、维护、销售与评估等工作(图 2-2-1 ~ 图 2-2-3)。

图 2-2-2　售后服务顾问

图 2-2-3　事故现场查勘

活动实施

一、实地考察并收集信息

带领学生参观校企合作企业中的 4S 店,了解汽车销售以及售后人员配置,详细了解各分工角色岗位职责以及胜任岗位必须具备的能力。记录所获信息,填写《岗位群—培养目标对照表》。

二、组内交流

各小组对所收集的资料信息进行交流。讨论作为一个汽车 4S 总经理,对于各岗位的培养目标所掌握的信息是否充分？要在哪些方面做些修改或补充？随后完善《岗位群—培养目标对照表》,填写自评表和互评表。

活动展示

各小组通过 PPT 对活动调研成果进行展示,同时回答其他组员提出的问题。

活动评价

活动评价表见表 2-2-1。

活动评价表　　　　表 2-2-1

评分项	目标达成度（30%）	活动表现（40%）	职业素养（30%）
评价标准	1. 完全达到； 2. 基本达到； 3. 未能达到	1. 积极参与； 2. 主动性一般； 3. 未积极参与	1. 大有提高； 2. 略有提高； 3. 没有提高

续上表

评分项	目标达成度（30%）	活动表现（40%）	职业素养（30%）
自我评价(20%)			
组内评价(20%)			
组间评价(30%)			
教师评价(30%)			
总分(100%)			
自我总结			

反思总结

一、组员反思

各小组成员从以下四个方面对活动进行反思。

（1）在小组调研活动中主要发挥了什么作用？扮演的角色完成了哪些任务？

（2）在实地考察、角色扮演、交流讨论、材料调查整理、活动展示、评价打分等活动中，分别收获了什么？

（3）在这次活动中有无失败的体验，以后的活动中会怎样改进？

（4）作为一个汽车4S店的总经理，你认为各岗位的培养目标应该包括哪些方面？

二、教师总结

依据各小组设计的《岗位群—培养目标对照表》《专业培养目标调研评价表》及组员间互评表对学生的表现予以评价，在充分肯定大家取得的调研成果的同时，归纳角色扮演活动的经验和方法，以期指导学生以后自主开展活动。

活动二：销售精英知多少

当今世界已进入全球化时代，随着社会产业升级，劳动力结构变化，过去单一的专业知识技能已无法满足社会经济发展的需求。随着职业更迭的加快，对职业的适应性要求越来越高，通用职业素质成为人们学会生存和获取可持续发展的原动力。

活动任务

通过各种途径搜集"汽车销售与服务"行业精英，分组讨论销售精英的成长历程、性格特点、成功途径、职业能力，总结他们身上值得我们学习的优良品质。结合销售精英身上的优良品质，分析下自己的性格特点以及走上工作岗位后应具备的职业能力。图2-2-4为销售精英的典型代表乔·吉拉德。

图 2-2-4　乔·吉拉德

活动目标

（1）能正确说出通用职业能力的核心能力。
（2）能进行自我学习，总结学习内容，提出具有一定深度的问题。
（3）能正确定位自己，面对自身的性格缺点，并发现自己的优点。

活动计划

（1）分工搜集"汽车销售与服务"销售精英资料，并总结销售精英的成长历程、性格特点、成功途径、职业能力。

成长历程：_____

性格特点：_____

成功途径：_____

职业能力（职业素质）：_____

职业能力（专业能力）：_____

职业能力（岗位能力）：_____

职业能力（方法能力）：_____

职业能力（社会能力）：_____

（2）正确定位自己（自我介绍）。

包括自身的性格缺点与优点；自身具备哪些职业能力使自己能胜任社会岗位；对标销售精英的职业能力，差别有多大？

活动资源

通用职业能力

一、职业素质

（1）热爱社会主义祖国和社会主义事业、拥护党的基本路线，在习近平新时代中国特色社会主义指引下，践行社会主义核心价值观，具有深厚的爱国情感和中华民族自豪感。

（2）具有强烈的社会责任感、明确的职业理想和良好的职业道德，勇于自谋职业和自主创业，能自觉遵守行业法规、规范和企业规章制度。

（3）具有健康的体魄和良好的心理，能胜任本专业岗位的工作，能在工作中讲求协作，对在竞争中遭遇挫折具有足够的心理承受能力，能在艰苦的工作中不怕困难，奋力进取，不断激发创造热情。

（4）具有热爱劳动的观念，善于和劳动人民进行情感沟通，了解劳动知识，掌握劳动本领，有从事艰苦工作的思想准备。

（5）具有良好的人际交往与团队协作能力。

（6）具有积极的职业竞争和服务的意识。

（7）具有较强的安全文明生产与节能环保的意识。

二、专业能力

（1）具有与客户、领导、下属及其他部门在工作上进行高效率沟通的能力。

（2）具有能在工作过程中准确描述、推理和归纳的思维能力和语言表达能力。

（3）具有分析汽车市场环境的能力。

（4）具有对汽车及其系统技术进行维护、检测、鉴定、分析、评估的能力。

（5）具有汽车保险与理赔的业务工作能力。

（6）具备汽车置换的鉴定和评估能力。

（7）具有较强的汽车销售和市场推广能力和基本的应用计算机进行汽车检测和故障维修的能力。

三、方法能力

(1)新知识与技能的学习能力。
(2)查找工程资料、文献等获取信息的能力。
(3)职业生涯规划的能力。
(4)解决问题的能力。
(5)创新能力。

四、社会能力

(1)人际交流能力。
(2)公共关系处理能力。
(3)生产组织及管理能力。
(4)决策能力。

活动实施

一、阅读观察并收集信息

带领学生观看汽车销售与服务专业领域内的经典视频,阅读相关资料介绍,进一步熟悉了解销售精英的性格特点,分析他们成功的原因,总结他们所具有的核心职业能力。

二、组内交流

各小组对所收集的资料信息进行交流。讨论在销售精英活动中的收获,总结提炼他们所具有的相关通用职业能力,并填写计划中的成长历程、性格特点、成功途径、职业能力表格和自我评价表格。

活动展示

各小组通过PPT或展示卡纸对讨论结果进行展示,同时能回答其他组员提出的相关问题。

活动评价

活动评价表见表2-2-2。

活 动 评 价 表　　　　　　表 2-2-2

评分项	目标达成度（30%）	活动表现（40%）	职业素养（30%）
评价标准	1. 完全达到； 2. 基本达到； 3. 未能达到	1. 积极参与； 2. 主动性一般； 3. 未积极参与	1. 大有提高； 2. 略有提高； 3. 没有提高
自我评价（20%）			
组内评价（20%）			
组间评价（30%）			
教师评价（30%）			
总分（100%）			
自我总结			

反思总结

一、组员反思

各小组从以下3个方面进行反思：
（1）阅读销售精英传记后的收获。
（2）自我的重新认知。
（3）个人以后的发展规划。

二、教师总结

依据各小组设计的《销售精英资料表格》《通用职业能力学习评价表》及组员间互评表对学生的表现予以评价，在充分肯定大家取得的调研成果的同时，归纳"销售精英知多少"活动的经验和方法，以期指导学生以后自主开展活动。

任务三　了解课程设置

任务目标

（1）能熟练介绍汽车技术服务与营销专业主要开设的课程。

（2）能简单介绍汽车技术服务与营销专业各课程的开设目的，能详细介绍至少1门本专业最感兴趣的课程的开设目的。

任务内容

活动："我的课程"我来说，视频制作比赛

活动场景

新生家长到学校想了解一下汽车技术服务与营销专业开设哪些课程以及课程开设的目的是什么？用你的方式熟练介绍汽车技术服务与营销专业主要开设的课程有哪些，并选择汽车技术服务与营销专业中的一门课程给新生家长介绍一下该课程的开设目的，让其对这门课程有深刻印象，最终将介绍的过程用视频的形式记录下来。

活动目标

（1）能用普通话流利地给参观人员介绍汽车技术服务与营销专业中的一门课程的开设目的。

（2）能将介绍过程（视频、照片）合成为2min左右视频。

（3）视频要求：

①"剧本"合理、完整。

②介绍时能用普通话，大方、得体。

③视频完整、清晰。

活动计划

1. 分组

将学生分成若干小组,每组选取汽车技术服务与营销专业中的一门课程,各小组选取的课程不能重复。

2. 分工

2 名新生家长:_____   1 名介绍人员:_____
1 名摄像:_____   1 名拍照人员:_____
1 名导演:_____   1 名编剧:_____
后期制作:_____

3. 设备准备

_____

4. 剧本准备

_____
_____
_____
_____

活动资源

一、汽车技术服务与营销专业主要开设课程

汽车技术服务与营销专业课程设置主要分为本专业专业课、专业基础课和公共课三部分,各部分的课程设置情况见表 2-3-1 ~ 表 2-3-3。

汽车技术服务与营销专业专业课　　　表 2-3-1

序号	课 程 名 称	序号	课 程 名 称
1	二手车评估	7	销售心理学
2	汽车营销实务	8	汽车维护
3	汽车保险与理赔	9	汽车电气设备
4	汽车配件管理与销售	10	汽车发动机构造与维护
5	汽车商务礼仪	11	汽车底盘构造与维护
6	汽车维修服务接待	12	汽车美容

项目二　汽车技术服务与营销专业人才培养概述

汽车技术服务与营销专业基础课　　　表2-3-2

序号	课 程 名 称	序号	课 程 名 称
1	机械识图	4	电工与电子基础
2	汽车文化	5	汽车材料
3	机械基础		

汽车技术服务与营销专业公共课　　　表2-3-3

序号	课 程 名 称	序号	课 程 名 称
1	思政	6	职业生涯规划
2	语文	7	就业指导
3	数学	8	安全
4	体育	9	汽车维修企业管理
5	计算机		

二、汽车技术服务与营销专业各课程开设目的

1．专业课

1）二手车评估

该课程是汽车技术服务与营销专业的一门专业核心课程。

近年来，随着我国汽车工业产业的发展，汽车流通体制改革的深化，汽车需求呈现多元化，二手车与新车交易相伴，旧机动车交易日趋活跃，因此，旧机动车鉴定估价师在市场上有很大的需求量。

该课程系统地以常见旧机动车为主要对象，着重阐明旧机动车评估的基本知识、旧机动车技术状况检查、旧机动车价格的评定与估算。通过该课程的学习，要求学生掌握汽车评估的基本方法，熟悉二手车交易的流程。

2）汽车营销实务

该课程是一门研究汽车企业市场基本规律的课程，汽车技术服务与营销专业的核心岗位之一为汽车销售顾问，"汽车营销实务"这门课程就是针对这个核心岗位开设的，是本专业的主要核心课程之一。

该课程开设的目的是对汽车市场营销的基本原理和相关知识做基本讲解，通过讲授加实训的教学模式，使学生能够识记汽车市场的特点、汽车市场营销一般观念和发展趋势、汽车市场营销环境的特点和分析方法、消费者购买行为、市场调研、营销策略的制订、营销活动策划的相关理论知识，从而提高学生对汽车市场的认识和综合分析能力，使学生能够掌握策划和开展汽车市场营销活动的实际技能，为日后从事相关岗位工作打下坚实基础。

3）汽车保险与理赔

该课程适用于汽车技术服务与营销专业，它属于汽车技术服务与营销专业的必修课程。开设该课程的目的是为了培养学生在汽车销售过程中，向客户介绍推销保险、计算保险，办理事故车定损及理赔，让学生掌握汽车保险的基本险种、汽车保险承保与理赔的基本流程，增强学生对理论知识的掌握和实际操作能力，并具有办理汽车保险与理赔的基本能力。

4）汽车配件管理与销售

该课程是汽车技术服务与营销专业的一门核心课程，开设该课程的目的是使学生掌握汽车配件管理与营销的基本理论知识与基本方法，具备汽车配件管理的基本技能，为从事汽车配件仓库管理、销售打下一定基础。该课程的前导课程为汽车商务礼仪、汽车维护、汽车文化等，是顶岗实习的前置课程。

5）汽车商务礼仪

该课程是一门职业素养课程，也是一门专业基本能力课程，涵盖汽车后市场服务行业岗位所需的礼仪素养，且其具有行业通识性。

开设该课程的目的是为了提升汽车技术服务与营销专业学生的销售能力、客户服务能力，培养学生积极心态，尊重与遵守职业规范，强化学生亲和力、应变能力、沟通能力、发现问题并解决问题的能力及服务水平等职业素养养成；促使学生能够在实际生活与工作中正确地应用规范的商务礼仪完成汽车销售、维修维护接待等工作，为后续专业课的学习和今后从事实际工作奠定良好的基础。

6）汽车维修服务接待

开设该课程的目的是通过学习汽车维修服务接待，使汽车技术服务与营销专业学生能描述汽车维修服务接待的工作流程、服务接待沟通的方法、各车型主要维修项目和服务跟踪等知识；能按照服务接待流程完成客户接待工作，并建立顾客档案进行跟踪服务，同时形成一丝不苟、热情服务的工作态度，养成严格按服务流程开展工作的良好习惯。

7)销售心理学

该课程适用专业面广。汽车技术服务与营销专业的学生通过对该课程的学习与训练活动,可以了解并运用销售心理学的相关知识,掌握销售心理学的基本技能,培养预测能力,从顾客即时的消费需求、动机、愿望等心理倾向,推测其消费行为趋势,以便适时提供商品和服务。同时,可使学生养成热情、真诚、诚实守信、善于沟通与合作的品格,为上岗就业做好准备。

8)汽车维护

汽车维护是技工层次的院校汽车维修专业的专业课程之一。开设本课程的目的是培养学生的职业岗位基本技能,并为进一步培养学生的职业岗位综合能力和关键能力奠定坚实基础。通过一体化教学活动,使学生具备汽车维护的技能,初步形成一定的学习能力和实践能力,培养学生诚实、守信、善于沟通和合作的品质、环保节能和安全意识。

9)汽车电气设备

该课程是技工层次院校汽车维修专业的一门专业基础课,其任务是使学生系统地掌握汽车电器的构造、工作原理、工作特性,正确使用各类汽车电器的方法,了解现代汽车电器的发展方向,为学习汽车构造等专业课程和毕业后所从事的工作打下基础。

10)汽车发动机构造与维护

开设本课程的目的是使学生掌握发动机的燃烧过程及相关的热力学知识,掌握发动机曲柄连杆机构、配气机构、点火系统、起动系统、发动机冷却系统、润滑系统、燃油供给系统、进排气系统的构造、工作原理、检修和故障诊断等知识,并具备发动机的装配调试和发动机综合故障诊断的能力。

11)汽车底盘构造与维护

该课程是一门汽车维修专业必修课,是使学生掌握汽车基本结构和基本工作原理的入门课程,其以培养学生熟悉汽车各总成结构、工作原理,掌握对汽车各总成拆装、检测与调整的技能为主要目的,为后续专业课程的学习和将来从事与汽车相关的工作打下必要的专业基础。

12)汽车美容

开设本课程的目的是针对汽车各部位不同材质所需的维护要求,使学生能够利用专业美容系列高科技技术设备,采用不同性质的汽车美容护理产品及施工工艺,对汽车进行全面维护,不仅使汽车焕然一新,保持艳丽的光彩,更能达到旧车全面彻底翻新、新车保值、延寿增益的功效。

2. 专业基础课

1）机械识图

本课程是技工层次院校汽车类专业的一门重要专业基础课程。开设该课程的目的是使学生掌握机械制图的基本知识，能熟练阅读中等复杂程度的零件图和简单的装配图，能徒手绘制较简单的零件图和简单的装配图，了解机械制图国家标准和行业标准，培养空间想象力和以图表现物体三维特征的能力，能测绘简单零件，养成严谨、细致的工作作风。

2）汽车文化

本课程是汽车类专业的一门专业基础课程。开设该课程的目的是使学生了解汽车的产生与发展、世界著名汽车公司等知识，让学生全面了解汽车、熟悉汽车、喜欢汽车，从而培养学生对汽车相关知识的兴趣，提高学生的人文素养和综合素质，为继续学习其他专业课程准备扎实的基础知识。图 2-3-1～图 2-3-3 均为该课程涉及的相关知识。

图 2-3-1　第一辆汽车

图 2-3-2　F1 比赛

图 2-3-3　老爷车

3）机械基础

本课程是技工层次院校汽车类专业的专业基础课程之一。开设该课程的目的是使学生可以将机械传动、常用机构、常用零件、液压传动等与汽车专业方面的知识和技能紧密结合起来，掌握必备的机械基础知识和基本技能，懂得机械工作原理，为学习后续专业课程奠定基础。图 2-3-4 为本课程所涉及的相关知识。

4）电工与电子基础

电工电子技术广泛应用于生产和生活的各个领域,大部分汽车类专业也会涉及仪器仪表的使用和维护及其注意事项。开设电工与电子基础课程可以使学生具备所需的电路分析、模拟电子技术、电气控制技术等基本知识和基本技能,让学生更加安全、正确使用和维护设备,并正确检修设备。此外,随着新能源电动汽车的迅速发展,学好电工与电子基础课程可使学生掌握新能源汽车专业的相关职业技能,全面提高自身素质,增强职业应变能力,为继续学习打下一定的基础。图2-3-5为汽车保险盒的内部结构(学习该电器就需要掌握电工与电子技术课程的相关知识)。

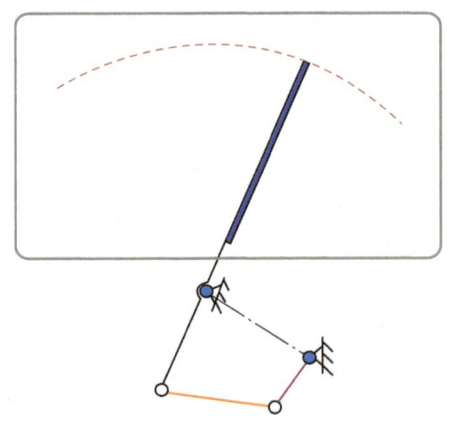

图2-3-4 刮水器控制臂四连杆机构

5）汽车材料

本课程是技工层次院校汽车类专业的一门重要专业基础课程。通过该课程的学习,使学生初步掌握汽车常用金属材料、非金属材料和汽车运行材料的性能、分类、品种、牌号和主要规格,以及合理选择、正确使用汽车材料的基本知识和相关技能,为今后从事汽车工作打下基础。

3. 公共课

1）思政

设此课程的目的是为深入贯彻落实习近平总书记关于教育的重要论述和全国教育大会精神,把思想政治教育贯穿于人才培养体系,全面推进思政建设,提高人才培养质量。

2）语文

语文是重要的交际工具,是人类文化的重要组成部分。工具性与人文性的统一是语文课程的基本特点。语文课程是中等职业学校学生必修的一门公共基础课,用以指导学生正确理解与运用祖国的语言文字。该课程注重基本技能的训练和思维发展,培养语言文字的应用能力,为学生综合职业能力的形成以及继续学习奠定基础,同时提高学生的思想道德修养和科学文化素养,帮助学生吸收民族优秀文化和人类进步文化,将学生培养成为高素质劳动者。

中职语文课程要在九年义务教育的基础上,培养学生热爱祖国语言文字的思想感情,使学生进一步提高正确理解与运用祖国语言文字的能力,提高科学文化素养,以适应就业和创业的需要。在教学中,应遵循技术技能人才成长规律,彰显职教特色,加强教学内容与社会生活、职业生活的联系,突出语文实践;注重语文课程与专业课程的融通与配合,指导学生学习必需的语文基础知识,掌握日常生活和职业岗位需要的现代文阅读能力、写作能力和口语交际能力。

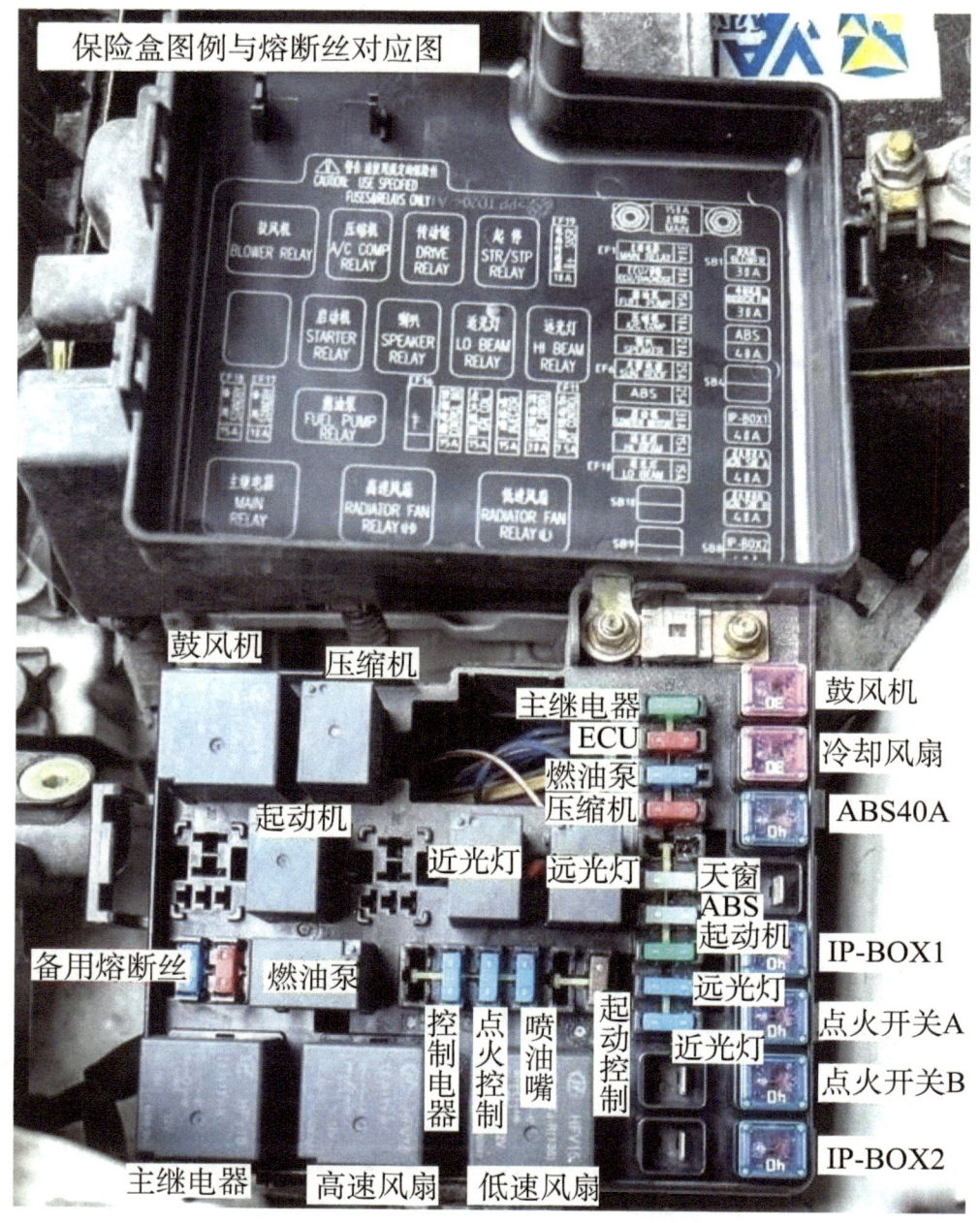

图 2-3-5　汽车保险盒内部

3）数学

数学教育作为教育的组成部分，在发展和完善人的活动中、在形成人们认识世界的态度和思想方法方面、在推动社会进步和发展过程中起着重要的作用。在现代社会中，数学教育又是终身教育的重要方面，是公民进一步深造的基础，是终身发展的需要。数学教育在中等职业教育中占有重要的地位，可使学生掌握数学的基本知识、基本技能、基本思想方法，使学生表达清晰、思考有条理，使学生具有实事求是的态度，使学生学会用数学的思考方式去认识世界、解决问题。

数学课程的任务是：提高学生的数学素养，使学生掌握社会生活所必须的一定的数学基础知识和基本运算能力、基本计算工具的使用能力，培养学生的数学思维能力，发展学生的数学应用意识；为学生学习职业知识和形成职业技能打下良好的基础；为学生接受继续教育、终身教育和自身发展，以及转换职业岗位提供必要的条件。

4）体育

体育课程是中等职业院校各类专业学生必修的文化基础课。

体育课程旨在全面提高学生身体素质，发展身体基本活动能力，增进学生身心健康，培养学生从事未来职业所必需的体能和社会适应能力，使学生掌握必要的体育与卫生保健基础知识和运动技能，增强体育锻炼与保健意识，了解一定的科学锻炼和娱乐休闲方法。该课程注重学生个性与体育特长的发展，提高学生自主锻炼、自我保健、自我评价和自我调控的能力，为学生终身锻炼、继续学习与创业立业奠定坚实的基础。

通过体育教学，进行爱国主义、集体主义和职业道德与行为规范教育，提高学生社会责任感。

5）计算机

开设本课程的目的是使学生在基本掌握计算机基础知识的基础上，理解一些计算机的常用术语和基本概念，能较熟练使用 Windows 操作平台，熟练掌握 Office 等主要软件，对音频、视频、动画等信息能进行简单的处理，具有网络入门知识。同时，培养学生的自学能力和获取计算机新知识、新技术的能力，使学生具有使用计算机工具进行文字处理、数据处理、信息获取的能力。

6）职业生涯规划

（1）知识目标。

了解自身所处的就业形势；掌握职业生涯规划与设计的基本方法；掌握生涯决策、求职应聘等通用技能。

(2)能力目标。

能实现职业态度转变,树立积极正确的职业观;具备自我认识、自我规划的能力;掌握与同学、老师、上级、同事建立良好合作关系的方法和技巧。

(3)素养目标。

树立积极的人生观、价值观、就业观、择业观和职业发展观;确立明确积极的人生目标和职业理想;培养敬业奉献精神和诚信守法意识。

7)就业指导

(1)知识目标。

了解国家及当地的就业形势、就业方针政策,把握职业选择的原则和方向;了解职业发展的阶段特点;认识自己的特点、职业的特性以及社会环境;掌握就业权益、劳动法规的相关知识;掌握基本的劳动力市场信息、相关的职业分类知识以及创业的基本知识,树立创业意识。

(2)能力目标。

掌握信息搜索与管理技能;掌握求职的技巧和礼仪;能根据自身的条件、特点、职业目标、职业方向、社会需求等情况,选择适当的职业;提高自我探索能力、独立思考和勇于创新的能力;提高沟通技能、问题解决技能、自我管理技能、人际交往技能和团队协作精神等。

(3)素养目标。

激发学生的社会责任感,增强学生自信心,树立正确的择业就业和职业道德观念;把个人发展和国家需要、社会发展相结合,确立职业的概念和意识,愿意为个人的生涯发展和社会发展做出积极的努力。

8)安全

(1)知识目标。

了解安全的基本知识;了解校园安全隐患;掌握与安全问题相关的法律法规和校规校纪;明确危害安全的行为。

(2)能力目标。

掌握各种不同安全问题的应对策略;掌握紧急情况下的逃生策略。

(3)素养目标。

认识安全的必要性,树立正确的安全意识及安全防卫心理,增强社会责任感。

9)汽车维修企业管理

(1)知识目标。

掌握汽车维修企业管理状况;掌握企业管理的经营与策略;掌握企业的生产

项目二　汽车技术服务与营销专业人才培养概述

管理;掌握企业质量管理;掌握企业财务管理;掌握企业人力资源管理。

（2）能力目标。

能对案例进行分析,并举一反三;能做到理论与实践相结合。

（3）素养目标。

培养学生的团队协作精神和沟通能力;培养学生的语言表达能力和社会交往能力;培养学生的企业管理意识,增强思维能力、自我学习和提升的能力;培养学生的职业道德观念,敬业精神和社会责任感。

活动展示

教师审核视频,学生以小组为单位在自媒体上展示,获取点赞量。

活动评价

活动评价表见表2-3-4。

活 动 评 价 表　　　　　　　　表2-3-4

评分项	是否达到目标（30%）	活动表现（40%）	职业素养（30%）
评价标准	1.完全达到; 2.基本达到; 3.未能达到	1.积极参与; 2.主动性一般; 3.未积极参与	1.大有提高; 2.略有提高; 3.没有提高
自我评价（20%）			
组内评价（20%）			
组间评价（30%）			
教师评价（30%）			
总分（100%）			
自我总结			

任务四　熟悉保障措施

任务目标

（1）能熟练介绍汽车技术服务与营销技能训练场地。
（2）能简单介绍各优秀学生团队，能详细介绍至少1个最关注的学生团队。
（3）能简单介绍各社团组织，能详细介绍至少1个最关注的社团。

任务内容

活动一："我的地盘我来说"视频制作比赛

实训中心是培养我们职业能力、技术应用能力的实践训练场所，主要模拟企业生产实践环境，培养可以胜任企业需要的职业操作技能。

这里是我学习专业技能的起点，这里的全部都是助力我成才的伙伴，我会努力的了解他们、学习他们、呵护他们，我为拥有这些伙伴而骄傲，我愿意自豪地将他们介绍给大家。

校外某单位领导到校想了解一下汽车技术服务与营销实训场地，请用自己的方式给领导介绍一下，让其对我们的实训场地能有深刻印象，最终将介绍的过程用视频的形式记录下来。

活动目标

（1）能用普通话流利地给参观人员介绍实训场地。
（2）能将介绍过程（视频、照片）合成为2min左右的视频。
（3）视频要求。
①"剧本"合理、完整。
②介绍时能用普通话，大方、得体。

③视频完整、清晰。

活动计划

1. 分工

2 名领导：_____　　1 名介绍人员：_____

1 名摄像：_____　　1 名拍照人员：_____

1 名导演：_____　　1 名编剧：_____

后期制作：_____

2. 设备准备

_____

3. 剧本准备

_____

_____

_____

_____

活动资源

一、汽车技术服务与营销实训中心

汽车技术服务与营销实训中心如图 2-4-1 所示。

a)

b)

图 2-4-1　汽车技术服务与营销实训中心

二、雄厚的师资队伍

活动展示

教师审核视频，学生以小组为单位在自媒体上展示，获取点赞量。

活动评价

活动评价表见表2-4-1。

活动评价表　　　　　　表2-4-1

评分项	是否达到目标（30%）	活动表现（40%）	职业素养（30%）
评价标准	1. 完全达到； 2. 基本达到； 3. 未能达到	1. 积极参与； 2. 主动性一般； 3. 未积极参与	1. 大有提高； 2. 略有提高； 3. 没有提高
自我评价(20%)			
组内评价(20%)			
组间评价(30%)			
教师评价(30%)			
总分(100%)			
自我总结			

活动二："优秀团队"视频制作

活动场景

校外某单位领导到校想了解一下我校一些优秀的学生团队，请用自己的方式给领导介绍一下,让其对我们的实训场地能有深刻印象,最终将介绍的过程用视频的形式记录下来。

活动目标

(1)能用普通话流利地给参观人员介绍各优秀团队和社团。
(2)能将介绍过程(视频、照片)合成为2min左右的视频。
(3)视频要求。
①"剧本"合理、完整。
②介绍时能用普通话,大方、得体。
③视频完整、清晰。

活动计划

1. 分工

2名领导:_____ 1名介绍人员:_____
1名摄像:_____ 1名拍照人员:_____
1名导演:_____ 1名编剧:_____
后期制作:_____

2. 设备准备

_____

3. 剧本准备

_____
_____
_____
_____
_____

活动资源

一、比赛训练团队

巴哈车队(图2-4-2)是汽车学院优秀团队之一,他们努力拼搏、奋勇争先,多次在比赛中获奖。

图 2-4-2　巴哈车队

训练团队介绍

二、国旗班

国旗班(图 2-4-3)以升旗、降旗、爱旗、护旗为自己的神圣职责,用青春的汗水和真诚捍卫着祖国国旗的尊严,形成了一道亮丽的校园风景线,国旗班的优秀表现展现了交院学子独有的风采,以崭新的面貌树起了山东交通技师学院的一面独特旗帜。国旗班每一届的队员都秉承着"生命不息、奋斗不止"信念,默默为这个集体付出,紧紧围绕学校赋予国旗班的工作重心,同心协力,顽强拼搏,圆满完成了学校交予的各项任务。

图 2-4-3　汽车学院国旗班

汽车学院
国旗班介绍

三、学生会

学生会(图 2-4-4)是学校的组织结构之一,是学生自己的群众性组织,是学校联系学生的桥梁和纽带。学生会是学生锻炼能力、提高自身修养的平台,同时通过该平台,可使学生学会帮助他人,交到更多的朋友,可以作为是一种进入社会的提前适应阶段。

(1)宿管部:检查、督促宿舍楼道、楼梯及宿舍内部卫生。
(2)卫生部:检查、督促教学楼楼道、楼梯及卫生区卫生。
(3)文体部:组织学生开展文体活动和周末人数清点工作。
(4)纪检部:负责课间、自习、晚休等时间段纪律检查。
(5)办公室:汇总统计各量化表格以及其他电子文档制作。
(6)社团部:负责协助、督促各社团有序开展活动。

除以上各部门任务外,还协助学院完成各项大型活动组织任务,例如迎新工作、运动会、各类晚会、演讲比赛、技能比赛等。

汽车学院
学生会介绍

图 2-4-4 汽车学院学生会

四、汽车学院社团简介

社团活动作为汽车学院第二课堂主要阵地和特色品牌之一,一直深受广大同学们的好评,社团活动是校园文化建设的主要阵地,是加强和改进学生思想政治教育的重要途径,是学生创新精神和实践能力培养的重要载体。其以具有的思想性、艺术性、知识性、趣味性、多样性的多种形式,吸引着广大学生参与其中,已成为广大学生丰富校园生活、参与学校活动、延伸求知领域、扩大交友范围的一种重要方式。

汽车学院社团由学生会社团部统一管理,下设龙鼓盛世社团、篮球社团、足球社团、乒乓球社团、演讲社团、歌唱社团、跆拳道社团、羽毛球社团、摄影社团等多个社团,同学们也可以根据自己的喜好成立新的社团。下面为汽车学院部分社团。

1.龙鼓盛世社团

该社团(图2-4-5)以学习传统舞龙、锣鼓为主,并计划开设舞狮学习。该社团荣获山东省第十届全民健身运动会舞龙舞狮锣鼓网络比赛少年组二等奖、临沂市一等奖的佳绩。

龙鼓盛世
社团介绍

2. 篮球社团

该社团（图2-4-6）是我校最早成立的社团之一，也是比较受学生喜爱的一个社团。社团制订社团章程，建立和完善社团自主管理和发展的运行机制，完善社团成员管理考核制度，建立社团评审制度，为社团的发展提供良好的基础和保证。

图2-4-5　龙鼓盛世社团

图2-4-6　篮球社团

3. 足球社团

该社团（图2-4-7）是一个以开展文娱和体育活动为目的的非营利性质的学生社团。加入足球社团可以促进学生身心健康发展，培养德智体美全面发展的人才。社团宗旨是发扬我校足球运动，发掘足球天赋人员，增强体育锻炼，健强体魄，积极组织同学们参加活动。

4. 歌唱社团

该社团（图2-4-8）以"快乐歌唱、享受歌唱"为宗旨，通过社团活动，同学们可以互相交流，互相学习，提高自身的歌唱能力。本社团自成立以来，通过有计划地学习，有目的地训练，队员的个人素质和综合素质都得到了较大的提升，演唱技巧和技能、表演技巧、艺术素养都有长足的进步。

图2-4-7　足球社团

图2-4-8　歌唱社团

5. 演讲社团

该社团（图2-4-9）致力于学生公众表达能力的提升，以投资口才就是投资未来为理念，旨在实现展现学生讲的艺术、说的风采，促进学生口才文化与和谐人际关系建设，提高学生的文化素质，丰富校园文化生活，活跃校园文化气氛，在艺术实践活动中进行爱党、爱国、爱家、爱校教育，陶冶情操。

6. 汽车学院北极熊跆拳道社团

该社团（图2-4-10）是我院成立最早的社团之一。跆拳道起源于朝鲜半岛，经历千年洗礼和锤炼，以"始于礼，终于礼"的精神为基础，讲究礼仪，"礼仪"是跆拳道基本精神的具体体现。跆拳道具有防身、健身、修身养性、娱乐观赏等多方面的作用，是练习者精神和身体的综合修炼，可使练习者在艰苦的磨炼中培养出理想的人格和体魄，并能够真正掌握防身自卫的本领。

图2-4-9　演讲社团

图2-4-10　跆拳道社团

7. 羽毛球社团

该社团（图2-4-11）旨在提高社员羽毛球技艺，组织学校学生进行羽毛球比赛，强健同学们的体魄。汇集学校热爱羽毛球的同学在课外时间进行锻炼，丰富同学们的课余生活。

8. 摄影社团

该社团（图2-4-12）为学校的社团组织之一。

图2-4-11　羽毛球社团

图2-4-12　摄影社团

汽车技术服务与营销专业概论

摄影社团的每一位社员都对摄影抱有浓厚的兴趣，在日常生活中我时常拿起相机拍下自己认为美的东西，摄影魅力在于按下快门，记录感动的刹那。很多美不需要太多优美的动作去诠释，而恰恰仅需要一个画面去记录每个永恒的瞬间。每一个社员都会用眼睛，用专业的知识，用手头的工具，去观察去记录身边稍纵即近的美。

活动展示

教师审核视频，学生以小组为单位在自媒体上展示，获取点赞量。

汽车学院
部分社团介绍

活动评价

活动评价表见表2-4-2。

活 动 评 价 表　　　　表2-4-2

评分项	是否达到目标（30%）	活动表现（40%）	职业素养（30%）
评价标准	1. 完全达到； 2. 基本达到； 3. 未能达到	1. 积极参与； 2. 主动性一般； 3. 未积极参与	1. 大有提高； 2. 略有提高； 3. 没有提高
自我评价(20%)			
组内评价(20%)			
组间评价(30%)			
教师评价(30%)			
总分(100%)			
自我总结			

项目三　汽车技术服务与营销专业技术概述

任务一　认知销售接待流程

(1) 能描述汽车销售接待的标准服务流程。
(2) 能完成汽车销售顾问的基本工作内容。

活动：我是大导演

销售汽车是为满足客户需求，由销售顾问提供的一种服务行为，因此汽车销售的工作流程可以和剧本一样提前进行严格的设定，也是销售人员需要学习和遵守的行为顺序。在汽车销售过程中，销售顾问和客户都有各自的角色，那么作为导演的你，应如何设计一场完美的销售剧本呢？

活动场景

李老师想购买一辆汽车作为上下班的代步工具，打算到某4S店去看车，请你设计一个角色剧本，将李老师买车的过程用剧本的形式写出来。熟练排练剧本后，分角色进行购车情景模拟，并录制视频。

活动目标

(1) 能规范编写剧本。
(2) 能根据话术进行购车演练。

（3）视频要求：

①情节合理、完整。

②介绍时使用普通话，大方、得体。

③视频完整、清晰。

活动计划

1. 分工

1名客户：_____　　1名销售顾问：_____

1名摄像：_____　　1名导演：_____

2名编剧：_____

后期制作：_____

2. 剧本准备

_____

_____

_____

_____

_____

_____

活动资源

作为一名合格的销售顾问，不仅要有专业的汽车知识，而且要有敏锐的销售意识、积极的工作态度、健康向上的敬业精神。遵照规范的操作流程，把企业文化与产品信息传递到每一位客户心中，这可以体现一名销售顾问的综合素质以及能力。图3-1-1为客户接待过程图。

一、怎样设计一个好的汽车销售接待剧本

剧本要对服务接触进行全面描述，包括在服务过程不同时点上，客户和服务人员扮演的各种角色。表3-1-1展示的是一般客户到店看车接待流程的剧本，涉及两个演员——客户、销售顾问。每个人都有自己的角色定位，只有当客户积极配合时，介绍展车和洽谈客户理想车型的核心服务才能够满意地完成。

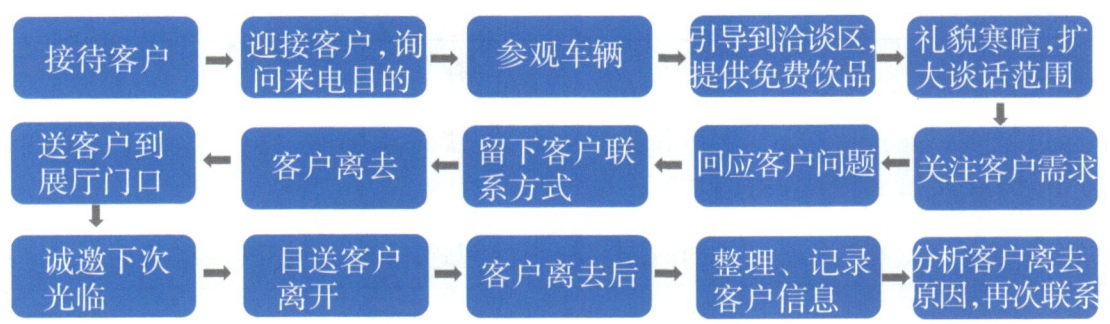

图 3-1-1　客户接待过程图

一般客户到店看车接待流程剧本　　　　　　　　　　表 3-1-1

顺序	顾　　客	销　售　顾　问
1		在前台等待顾客到来
2	顾客来店	
3		迎接顾客,询问顾客来访目的
4		递交名片,简短自我介绍并请教顾客尊姓
5	顾客想独自参观车辆	
6		按照顾客意愿进行,请顾客随意参观
7		明确说明自己的服务意愿和所处位置,"如有需要,请随时召唤,我就在这边"
8		在顾客需要范围内关注顾客需求,保持一定距离,避免给顾客有压力的感觉
9		当顾客有疑问时,销售顾问主动去上前咨询
10	顾客希望与销售顾问商谈	
11		第一时间奉上免费饮品。顾客可选择咖啡、柠檬水、纯净水等

续上表

顺序	顾客	销售顾问
12		先从礼貌寒暄开始,扩大谈话面,顾客机会引导对话方向
13		先回应顾客提出的问题,倾听、不打断顾客谈话
14		介绍本专卖店与销售顾问个人的背景与经历,增加顾客信心
15		争取适当时机,请顾客留下信息
16	顾客离去	
17		放下手中其他事务,送顾客到展厅门外
18		感谢顾客光临,并诚恳邀请再次惠顾
19		目送顾客离开,挥手告别,直至顾客走出视线范围
20	顾客离去后	
21		整理、记录顾客有关信息
22		分析离去顾客类型及离去原因
23		一周内主动联系,邀请顾客再次来店

二、客户展厅接待

1. 接待准备

(1)销售顾问应服装整洁,仪表得体,穿着公司统一制服,佩戴工号牌。

(2)准备好笔、记录本、名片,并将自己的各种资料准备齐全(各银行分期贷款明细表、保费计算清单、配件报价单、上牌服务资料及流程等),放入资料夹中。

2. 客户接待

(1)当客户来到展厅门口时,销售顾问应迅速地为客户拉开门,并主动向客户打招呼,说"您好",面带微笑,点头示意,将客户迎进。

(2)当顾客进入展厅后,销售顾问应递上名片(图3-1-2),并自我介绍,内容可为"早上/下午/晚上好!欢迎光临×××汽车销售服务店,我是销售顾问×××"。

项目三 汽车技术服务与营销专业技术概述

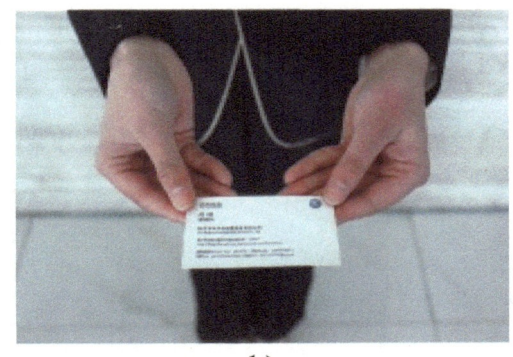

a)　　　　　　　　　　　　　b)

图 3-1-2　递送名片

（3）对不同车型做简短概述，并询问顾客需求，内容可为"请问您想看哪种车型，我可以为您介绍"。根据客户的需求，将顾客带到所需车辆前，有针对性地为顾客进行六方位绕车介绍。当顾客需求车型不明时，可以通过不断探求客户的实际需求，然后去为客户推荐一款最适合顾客需求的车，再详细介绍相对应的车型。

在介绍的过程中做绕车介绍（图 3-1-3），可这样说。

①"×先生/×小姐，您可以先看我IPAD里面的颜色色板和配置对比，然后我结合实车介绍您感兴趣配置的特点，来，您请看！"

②"×先生/×小姐，请问您在来我们店以前有没有去过别的品牌店呢？或者还考虑别的车型吗？接下来向您介绍的时候，我也可以简单地做做对比，给您选车提供些帮助。"

图 3-1-3　车辆介绍

客户被邀请坐进车内后，接下来可这样说。"×先生/×小姐，该车型是××向手/电动座椅调节，来，您可以亲自动手试试座椅调节是如何操作的，非常方便。"接下来可以介绍仪表台材质，并请客户动手摸这些材质，例如可手握真皮转向盘来体验手感和大小（图 3-1-4）。然后还可以邀请客户去车头和车尾亲自感受发动机舱盖的重量及行李舱的开启方式（图 3-1-5）。期间不要忘记讲解其他品牌的优缺点。

（4）提供方案，可这样说。

①"×先生/×小姐，车辆贷款是市场上最便宜的融资，更何况我们××品牌还可提供这方面的补贴，可以说最最实惠的购车方案，目前我们有建设银行、招商银

行、大众金融等合作伙伴,分别有不同的贷款方案,我就拿建设银行给您举例,假设贷款金额是×××,周期是××,那这个期间每月只要还×××,购车首付款是×××,您看多合适,而且后面手续办理也非常简单,只需要2周时间就能全部办完。"

图 3-1-4　驾驶室介绍

图 3-1-5　行李舱介绍

②"×先生/×小姐,保险是每一辆机动车都要购买的服务,目前我们××品牌××合作的是平安、太平洋、中保这类大公司,您可以随便选择,当然我个人建议您选择××保险公司,因为……。保险随着购买的险种不同,价格也有所浮动,这里我建议购买全部基本险,其中有……,请问您对每个险种所包含的条件和项目都了解吗?需要我帮您逐一解释吗?另外还有几个附加险我这里也逐一给您解释一下吧,具体为……。简单计算一下,保险所要花费的费用是……。"

(5) 送别客户。

接待完毕后必须送客户出门外,并说:"非常感谢×先生/×小姐来店看车,请问我后续何时与您联系方便呢?另外请问您对我的本次接待还算满意吗?"与客户握手道别(图 3-1-6),并说"再见"或与客户约好下次见面或电访时间,目送客户离开(图 3-1-7)。

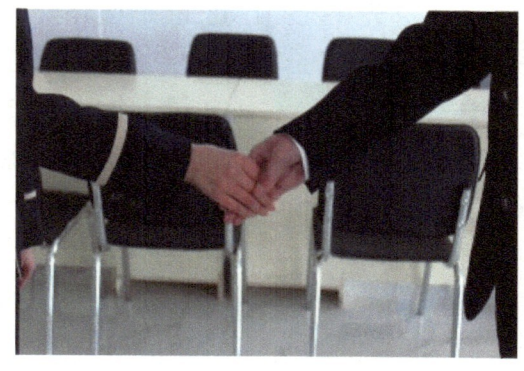

图 3-1-6　握手

图 3-1-7　送别客户

（6）后续跟进。

将客户信息记录在客户登记本上，且加以判断客户类型，以便及时跟进客户。记录客户的信息需全面，例如客户的年龄、性别、电话、单位、车型、长相特征、喜好及所谈重点等，以便分析该客户的类型等级，做出正确评估。

具体的客户分类可按如下类型分别记录。

①O 类客户：二个月或以上成交。三天内必须跟进，每两星期跟进一次电话，适时上门拜访（图 3-1-8）。

②H 类客户：一周内成交（含交订金），当日或第二日必须跟进，每隔两天必须打一个电话确定是否订车。

③A 类客户：两周内成交。当日或第二日必须跟进，每隔三天必须打一跟进电话，适时上门拜访。

图 3-1-8　电话回访

④B 类客户：一个月内成交。三天内必须跟进，每一星期跟进一次电话，适时上门拜访。

活动展示

教师审核剧本，学生以小组为单位进行角色扮演，其他组成员可观摩。

活动评价

活动评价表见表 3-1-2。

活动评价表　　　　　　　　表 3-1-2

评分项	目标达成度（30%）	活动表现（40%）	职业素养（30%）
评价标准	1. 完全达到； 2. 基本达到； 3. 未能达到	1. 积极参与； 2. 主动性一般； 3. 未积极参与	1. 大有提高； 2. 略有提高； 3. 没有提高
自我评价（20%）			
组内评价（20%）			

续上表

评分项	目标达成度（30%）	活动表现（40%）	职业素养（30%）
组间评价(30%)			
教师评价(30%)			
总分(100%)			
自我总结			

任务二　掌握日常维护业务接待

（1）可以根据客户信息及4S店工作情况完成预约工作。
（2）能根据客户来电时间做好接待准备工作。
（3）能够规范地完成车辆预检工作，完成问诊。

活动：问诊小能手

客户进行预约后，服务顾问做好接待准备，客户到达4S店后，服务顾问进行热情周到的接待，并陪同客户一起完成环车检查，根据客户描述及对车辆的检查情况判断维护的内容并制订方案。车辆送入维修车间后，服务顾问将维修技师的操作情况和当前进度及时通知客户。维修完成后，通过质检车辆由服务顾问通知客户取车，解释维护费用并完成结算。

活动场景

作为服务顾问的你接到客户李先生打来的电话，沟通后了解到李先生打算明天给爱车做一个7500km的常规维护。你看了下时间安排，确认没有问题，并

项目三　汽车技术服务与营销专业技术概述

安排好维修班组。第二天上午,你提前半小时给李先生打去电话,确认李先生可以准时来店,半个小时后,李先生来到了你所在的汽车4S店,你上前迎接,通过简单询问后安排了车辆的7500km常规维护。一个小时后,你将维护好且已经通过质检的车辆交付李先生,解释了费用项目并结算后送其离开。

活动目标

(1) 能总结车辆常规维护服务顾问的流程。
(2) 能规范编写维护服务话术。
(3) 能运用标准礼仪进行常规维护车辆接待。

活动计划

1. 分工
1名客户:_____　　1名服务顾问:_____
1名摄像:_____　　1名记录员:_____
1名编剧:_____
2. 剧本准备

_____

活动资源

汽车维修企业服务顾问——维修业务接待人员每天都要接待众多到企业维护或修车的顾客,顾客的车况各不相同,顾客的心态、要求也不同,要让每一位到厂修车的客户都有一个好心情,并尽快地帮助他们解决修车的问题,汽车售后服务顾问就必须做好充分准备,注重接待礼仪,掌握服务流程(图3-2-1),实施有效沟通,体现客户关注,以展现出自身较高的专业技术水平和专业素质,提高客户满意度,建立良好的互信平台。

一、预约工作的具体内容

客户在对车辆进行例行维护和修理之前,可先向4S店电话预约,从而享受省时、省心的汽车维护和修理过程。预约既能让客户避免等待之苦,又可以让4S店根据实际情况分流高峰期,使一天中的维护工作相对均衡,从而提高服务质量和客户满意度,更能缩短维护工时和客户的等待时间。具体的客户预约流程和内容如图3-2-2所示。

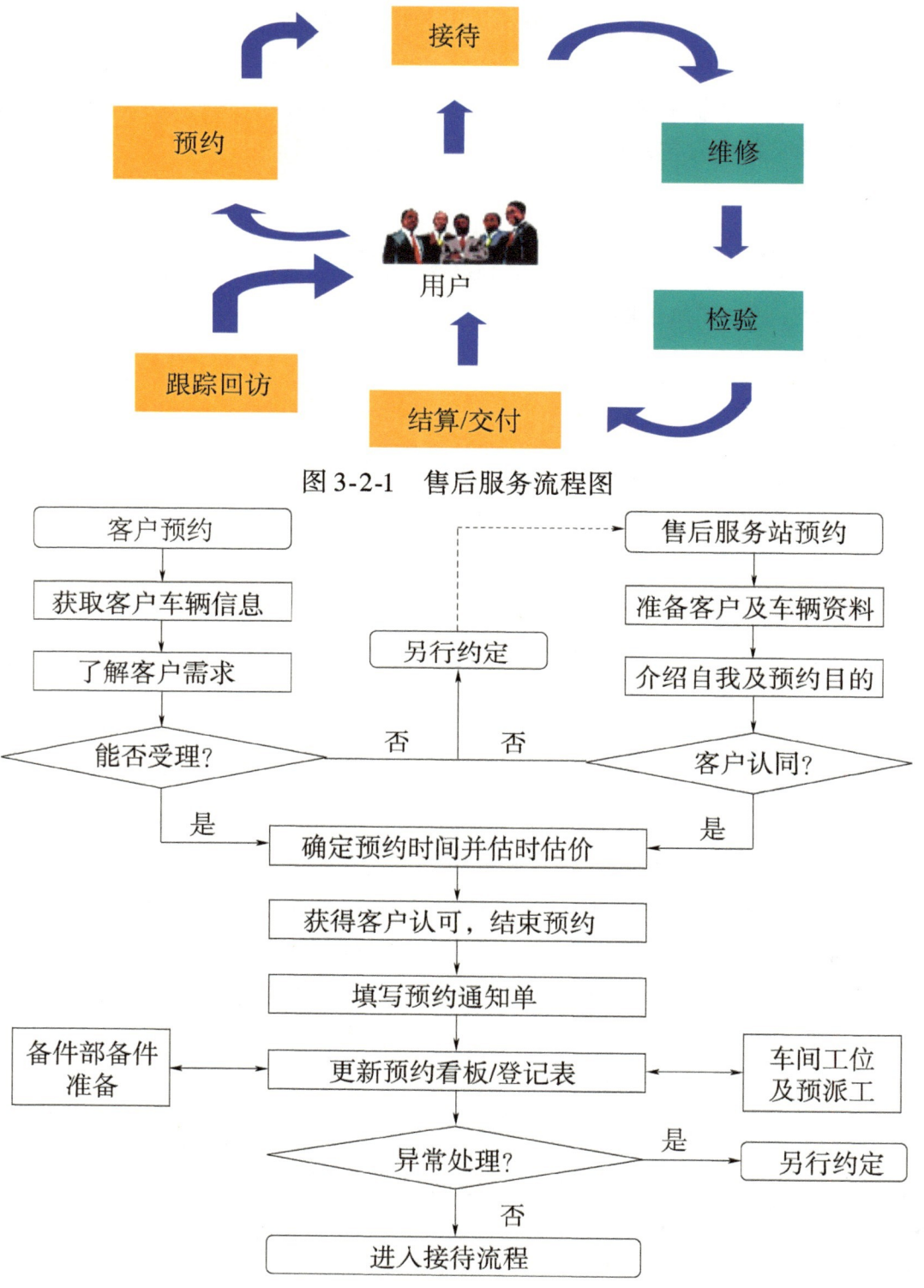

图 3-2-1　售后服务流程图

图 3-2-2　客户预约流程图

二、维修接待

服务顾问是企业形象的代表。前台接待人员需要具备良好的素质,并熟练掌握接待客人的礼仪技巧。一个好的前台接待人员既要会展现亲切灿烂的笑容,又要会使用温馨合意的招呼语,还要全面了解和掌握服务技能。

接待要点有如下方面。

(1)发现有车辆进店后,应立即起身、快速站立在接车问诊工位上等候。

(2)当进店车辆驶入接车工位时,示意车辆停在工位内。

(3)当车辆停稳后,应面带微笑向车主问好。常用语为:"女士(先生),您好,我能为您做些什么?"总之,务必要使客户感受到你的热情,如图3-2-3所示。

(4)对待客户应一视同仁,依次接待,认真问询,做到办理前一个,接待第二个,招呼后一个。在办理前一个时要对第二个说"谢谢您的光临,请稍等",招呼后一个时要说:"对不起,让您久等了",使所有客户都不感到受冷落。

图3-2-3　接待客户

(5)接待客户时,应双目平视对方脸部三角区,专心倾听,以示尊重和诚意。对有急事而表达不清来意的客户,应请其稳定情绪后再说,可说:"请您慢慢讲,我在仔细听";对长话慢讲、讲话条理不是很清晰的客户,应耐心、仔细听清其要求后再回答;对口音重或说话难懂的客户,一定要弄清其所讲的内容与要求,不能凭主观推测和理解行事,更不能敷衍了事将客户拒之门外。

(6)确定车主回应后,应态度亲切、语气平和。

三、维修环车检查

环车检查是售后服务的重要环节,要求服务顾问在掌握环车检查流程的同时注意礼仪规范。得体的举止、言谈是获得客户好感和信任不可缺少的条件。所以,服务顾问具备礼仪知识和技能技巧,就会有效地提高自身的职业素养,塑造专业形象,给客户留下规范、严谨、专业、有力的良好印象。

1. 环车检查流程

(1) 接待客户。

(2) 检查车辆外观。

(3) 检查车辆内饰件/控制部件,记录里程表读数,对照文件上的各项记录检查里程表,打开发动机舱盖锁扣。

(4) 检查车辆前端。

(5) 检查发动机舱。

(6) 检查车辆右前侧。

(7) 检查车辆右后侧。

(8) 检查行李舱。

(9) 检查车辆左后侧。

(10) 请客户签字确认。

(11) 送客户到休息室。

2. 环车检查要点

汽车进入售后服务中心后,客户接待问诊是与客户直接接触的重要环节。在这个环节里,客户将直接体验到服务的质量。因此,高效、快捷、热情、周到地接待客户,专业、快速、准确地诊断故障,会使客户感觉到服务顾问专业、优质的服务,从而增强客户的信任感。因此要求服务顾问做到以下几点。

1) 接待客户

(1) 服务顾问接待客户时要注意面带微笑、以礼仪站姿接待、对客户要用尊称、目光注视客户。

(2) 服务顾问接待客户时要及时,声音洪亮、充满激情、吐字清晰。以立正站姿进行自我介绍并双手递接名片,如图3-2-4所示。

(3) 环车检查时,服务顾问要用标准话语,如"您好!很高兴为您服务,我是服务顾问××。""请问怎么称呼您?""您这次来是维修还是维护?"

2) 检查车辆外观

(1) 引领客户到车旁时,服务顾问要注意在客户左前方引领、目光注视客户、面带微笑、语音语调亲切自然、和客户保持0.5~1m的距离,右手持物,左手做引导动作。

(2) 引领客户时,需吐字清晰、走姿标准,引领客户到车旁,左手打开左前车门,如图3-2-5所示。

图3-2-4 接待客户

图3-2-5 环车检查

(3)服务顾问标准话语,如"请您跟我一起检查您车的外观,并做登记,行吗?"

3)检查车辆内饰

(1)服务顾问要面带微笑、语音语调适中、礼仪蹲姿。

(2)环车检查时将"环车检查单"轻放于仪表板上。铺脚垫、蹲姿套座椅套,双手抚平。上车时,女士双腿并齐同时进入驾驶室,坐姿端正。女士下车,双腿并齐,双腿先出,下车后关车门,再引领客户,如图3-2-6、图3-2-7所示。

图3-2-6 检查驾驶室(一)

图3-2-7 检查驾驶室(二)

(3)服务顾问标准话语,如"在维修过程中为保护您的爱车,我给您的车免费铺上四件套,好吗?""我来登记一下里程数和油表,请稍等。""请您跟我到车前端进行检查。"

4)检查车辆前端

(1)服务顾问要注意引导手势、目光时刻关注客户、采用礼仪蹲姿、语音语调需适中。

(2)服务顾问在检查车辆前端时要五指并拢,指向损伤部位,采用低位示意,蹲姿检查,如图3-2-8所示。

(3)服务顾问标准话语,如"请看这里,有一块漆掉了,请问这次需要修补吗?您看呢?"

5)检查发动机舱

(1)服务顾问要用礼仪手势引导,开发动机舱盖时要缓慢,在检查机油过程中,不要洒落机油。

(2)检查发动机舱时要右手打开发动机舱盖,并做好保护措施。

(3)讲解零部件时,五指并拢,如图3-2-9所示。

图3-2-8　检查车辆前端

图3-2-9　检查发动机舱

(4)服务顾问标准话语,如"天气变化了,油、水需要免费检查一下吗?""好的,检查的结果我会告诉您的。"

6)检查车辆右前侧

(1)服务顾问要在客户左前方引领、目光注视客户、面带微笑、语音语调亲切自然、和客户保持0.5~1m距离,右手持物、左手做引导动作。

(2)检查车辆右前侧时,服务顾问要五指并拢,指向磨损部位。

(3)服务顾问标准话语,如"这条轮胎严重磨损,过极限了,行车有安全隐患,必须更换,产生的费用和所需时间等一下我报给您,好吗?""您这边请。"

7)检查车辆右后侧

(1)服务顾问要在客户左前方引领、目光注视客户、面带微笑、语音语调亲切自然、和客户保持0.5~1m距离、右手持物,仔细询问并做记录。

(2)引领客户时,要遵循"以右为尊"的原则,面带微笑、五指并拢。询问客户的需求时,目光应注视客户的面部三角区。做蹲姿检查时,高腿位朝客户,用左手持工单夹,如图3-2-10所示。

(3)服务顾问标准话语,如"换下来的旧件您需要带走吗?""需要为您免费洗车吗?""洗车需要30min。"

8) 检查行李舱

(1) 服务顾问要在客户左前方引领、目光注视客户、面带微笑、语音语调亲切自然、和客户保持 0.5~1m 距离、右手持物,仔细询问并做记录。

(2) 开行李舱时,右手开并做保护手势,力度适中,如图 3-2-11 所示。

图 3-2-10　检查车辆右后侧

图 3-2-11　检查行李舱

(3) 服务顾问标准话语,如"可以打开您的行李舱吗?我要检查一下随车工具。"

9) 检查车辆左后侧

(1) 服务顾问要在客户左前方引领、目光注视客户、面带微笑、语音语调亲切自然、和客户保持 0.5~1m 距离、右手持物,仔细询问并做记录,如图 3-2-12 所示。

(2) 询问时,要语气柔和、吐字清晰、真诚服务、关注客户。

(3) 服务顾问标准话语,如"刚才您提到的维修需求,我已经登记好了。"

10) 请客户确认签字

(1) 服务顾问要在客户左前方引领、目光注视客户、面带微笑、语音语调亲切自然、和客户保持 0.5~1m 距离、右手持物,仔细询问并做记录。

(2) 服务顾问在指向检查单时,五指并拢。签字递笔时,右手递笔、笔尖朝外,如图 3-2-13 所示。

(3) 服务顾问标准话语,如"这是检查结果,请您确认后,在这里签字。"

11) 送客户到休息室

(1) 服务顾问要目光注视客户、面带微笑、语音语调亲切自然、和客户挥手告别。

(2) 服务顾问在送别客户时,目光要专注,望着客户离开的方向,右手五指并拢,在右耳旁前,手臂成弧形,微微挥手并做立正站姿。

图 3-2-12　检查车辆左后侧　　　　图 3-2-13　请客户确认签字

(3)服务顾问标准话语,如"张先生,感谢您对我的信任,我会竭诚为您服务的。""在维修过程中,如果发现什么问题,我会跟您保持联系。车交给我,请您放心。""您慢走,再见!"

3. 交车及结算

在结算与交车时,要为客户提供满意的服务。在交车环节要让客户充分了解本次服务的具体项目以及后续的注意事项。通过热情、专业、规范的交车交流,来加深客户印象,提高客户满意度。

1)结算前准备

(1)原负责接待的服务顾问确认该车已完成维修内容后,及时与客户联系,确定最终的交车时间等事项。

(2)服务顾问打印好结算单。

(3)竣工车辆停放在竣工区,且车头朝向客户离开方向。

2)交车前检查

(1)服务顾问陪同客户检查完工车辆,并解释维修项目(图 3-2-14)。

(2)将旧件当面返还给客户。如客户不需要带走,服务顾问可将其放在部门指定的地方。

(3)服务顾问应用通俗易懂的语言向客户解释维修内容,并让客户在无异议的情况下在结算单上签字确认。

(4)向客户确认电话回访的时间和形式,并做好记录。

3)结算

(1)服务顾问陪同客户到收银台结账。

（2）收银员面带微笑接待客户，询问是刷卡结账还是现金结账。

（3）收银员复核费用单据是否正确，并打印付款结账凭证。提醒客户妥善保管所有凭证，同时提醒客户携带好随身物品。

（4）结账结束后，收银员应向客户表示感谢，并祝客户生活愉快，出行平安。

（5）服务顾问将打印好的有关单据交给客户，并在今后使用车辆方面给出建议。

4.送别客户

服务顾问运用交车礼仪通知客户，陪同客户提车。请客户核对、检查维修车辆，并当着客户的面取下防护工具。提醒客户下次维护日期和里程，提醒客户拿好钥匙，带好随身物品。服务顾问请客户进入驾驶座位，引导行驶方向。服务顾问送客户到4S店门口，与客户道别，表示感谢，并欢迎下次光临（图3-2-15）。目送客户，直至看不到客户，方可离开。送走客户后将维修车辆资料整理保存。

图3-2-14　解释维修项目

图3-2-15　送别客户

活动展示

教师审核话术，学生以小组为单位进行角色扮演，其他组成员可观摩。

活动评价

活动评价表见表3-2-1。

活 动 评 价 表   表 3-2-1

评分项	目标达成度 （30%）	活动表现 （40%）	职业素养 （30%）
评价标准	1. 完全达到； 2. 基本达到； 3. 未能达到	1. 积极参与； 2. 主动性一般； 3. 未积极参与	1. 大有提高； 2. 略有提高； 3. 没有提高
自我评价（20%）			
组内评价（20%）			
组间评价（30%）			
教师评价（30%）			
总分（100%）			
自我总结			

项目四　汽车技术服务与营销专业学习成长规划

任务一　学习榜样

任务目标

（1）寻找我们身边的学习榜样，能说出从他身上学到了哪些优秀品质。

（2）通过学习乔·吉拉德事迹，根据自身的实际情况，谈谈今后的打算，给自己制订一个奋斗目标。

任务内容

活动一：寻找身边的榜样

活动场景

用自己的方式向老师和同学们介绍一下我们身边的学习榜样，是哪些举动给你留下了深刻印象，最终将介绍的过程用视频的形式记录下来。

活动目标

（1）能用普通话流利介绍身边的学习榜样。

（2）将榜样事迹（视频、照片）制作为2min左右的视频。

（3）视频要求。

①"剧情"合理、完整。

②介绍时能用普通话，大方、得体。

③视频完整、清晰。

活动计划

1. 分工

1 名介绍员：_____　　2 名收集员：_____

1 名摄像：_____　　1 名拍照员：_____

后期制作：_____

2. 设备准备

_____

3. 剧本准备

_____

_____

_____

_____

活动二：给三年后的自己写一封信

活动场景

每个人都有自己的理想，你有没有想过三年后离开校园，踏入社会的我们会是一副什么模样，制订一个奋斗目标，给三年后的自己写一封信。

活动目标

（1）使用信纸认真书写，字数在 500 字左右。

（2）内容真诚，实事求是。

活动计划

活动准备：

_____

_____

_____

项目四　汽车技术服务与营销专业学习成长规划

> 活动资源

乔·吉拉德——世界上最伟大的汽车销售员

乔·吉拉德创造了 5 项吉尼斯世界汽车零售纪录：平均每天销售 6 辆车；一天最多销售 18 辆车；一个月最多销售 174 辆车；一年最多销售 1425 辆车；在 15 年的销售生涯中总共销售了 13001 辆车。

一、推销的要点是，不是在推销车，而是在推销自己

乔·吉拉德 1929 年出生在美国的一个贫民窟内，他从懂事时起就开始擦皮鞋、当报童，然后当过洗碗工、送货员、电炉装配工和住宅建筑承包商等。35 岁以前，他只能算个全盘的失败者，患有严重的口吃，换过 40 个工作仍然一事无成，再往后他开始步入推销生涯。

谁能想象得到，这样一个不被看好，而且背了一身债务、几乎走投无路的人，竟然能够在短短 3 年内被吉尼斯世界纪录称为"世界上最伟大的汽车销售员"。他至今还保持着销售昂贵车的空前纪录——平均每天卖 6 辆汽车！他一直被欧美商界当成"能向任何人推销出任何车辆"的传奇式人物。

名片是成功的开始。乔·吉拉德有一个习惯：只要碰到一个人，他马上会把名片递过去，不管是在街上还是在商店。他认为生意的机会遍布于每一个细节。"给你个选择：你可以留着这张名片，也可以扔掉它。如果留下，你知道我是干什么的、卖什么的，细节全部掌握。"乔·吉拉德认为，推销的要点是：不是推销车辆，而是推销自己。"如果你给别人名片时想，这是很愚蠢很尴尬的事，那怎么能给出去呢？"他说，恰恰那些举动显得很愚蠢的人，正是那些成功和有钱的人。他到处用名片、到处留下他的味道、他的痕迹，人们就像绵羊一样来到他的办公室。去餐厅吃饭，他给的小费每次都比别人多一点点，同时主动放上两张名片。因为小费比别人的多，所以人家肯定要看看这个人是做什么的，分享他成功的喜悦。人们在谈论他、想认识他，根据名片来买他的东西，经年累月，他的成就正是来源于此。

他甚至不放过看体育比赛的机会来推广自己。他的绝妙之处在于，在人们欢呼的时候把名片雪片般撒出去。于是大家欢呼：那是乔·吉拉德。此时，已经

没有人注意别人了。

他说,不可思议的是,有的汽车销售员回到家里,甚至连妻子都不知道他是卖什么的。

"从今天起,大家不要再躲藏了,应该让别人知道你,知道你所做的事情。"

二、深深地热爱着自己的职业

乔·吉拉德相信,成功的起点是首先要热爱自己的职业。无论做什么职业,世界上一定有人讨厌你和你的职业,那是别人的问题。"就算你是挖地沟的,如果你喜欢,关别人什么事?"

他曾问一个神情沮丧的人是做什么的,那人说是汽车销售员。乔·吉拉德告诉对方:汽车销售员怎么能是你这种状态?如果你是医生,那你的病人会杀了你,因为你的状态很可怕。

他也被人问起过职业。听到答案后对方不屑一顾:"你是卖汽车的?"但乔·吉拉德并不理会:"我就是一个汽车销售员,我热爱我做的工作。"

美国前第一夫人埃莉诺·罗斯福曾经说过:"没有得到你的同意,任何人也无法让你感到自惭形秽。"乔·吉拉德认为在推销这一行尤其如此,如果你把自己看得低人一等,那么你在别人眼里也就真的低人一等。

工作是通向健康、通向财富之路。乔·吉拉德认为,它可以使你一步步向上走。全世界的普通记录是每周卖 7 辆车,而乔·吉拉德每天就可以卖出 6 辆。

有一次他不到 20 分钟已经卖了一辆车给一个人。对方告诉他:其实我就在这里工作。来买车只是为了学习你销售的秘密。乔·吉拉德把订金退还给对方。他说他没有秘密。非要说秘密的话,那就是"如果我这样的状态能够深入到你的生活,你会受益无穷"。

他认为,最好在一个职业上待下去。因为所有的工作都会有问题,明天不会比今天好多少,但是,如果频频跳槽,情况会变得更糟。他特别强调,一次只做一件事。以树为例,从种下去、精心呵护,到它慢慢长大,就会给你回报。你在那里待得越久,树就会越大,回报也就相应越多。

三、倾听和微笑

乔·吉拉德说:"有两种力量非常伟大。一是倾听;二是微笑。倾听,你倾听得越长久,对方就会越接近你。我观察,有些汽车销售员喋喋不休。上帝为何给我们两个耳朵一张嘴？我想,意思就是让我们多听少说！"

乔·吉拉德说,"有人拿着100美金的东西,却连10美金都卖不掉,为什么？你看看他的表情？要推销出去自己,面部表情很重要,它可以拒人千里,也可以使陌生人立即成为朋友。"

笑可以增加你的面值。乔·吉拉德这样解释他富有感染力并为他带来财富的笑容:皱眉需要9块肌肉,而微笑,不仅用嘴、用眼睛,还要用手臂、用整个身体。

"当你笑时,整个世界都在笑。一脸苦相没有人愿意理睬你。""从今天起,直到你生命最后一刻,用心笑吧。""世界上有60亿人口,如果我们都找到两大武器:倾听和微笑,人与人就会更加接近。"

四、让信念之火熊熊燃烧

"在我的生活中,从来没有'不',你也不应有。'不',就是'也许','也许',就是肯定。我不会把时间白白送给别人的。所以,要相信自己,一定会卖出去,一定能做到。"

"你认为自己行就一定行,每天要向不断向自己重复。"

"你所想的就是你所想,你一定会成就你所想,这些都是非常重要的自我肯定。Impossible(不可能),去掉im,就是possible(可能)了。要勇于尝试,之后你会发现你所能够做到的连自己都惊异。"

乔·吉拉德说,所有人都应该相信:乔·吉拉德能做到的,你们也能做到,我并不比你们好多少。而我之所以做到,便是投入专注与热情。

一般的汽车销售员会说,他看起来不像一个买东西的人。但是,有谁能告诉我们,买东西的人长得什么样？乔·吉拉德说,每次有人路过他的办公室,他内心都在吼叫:"进来吧！我一定会让你买我的车。因为每一分一秒的时间都是我的花费,我不会让你走的。"

"我笑着面对他:我的钱在你的口袋里。"

他说,你认为自己行就一定行,每天要不断向自己重复。要勇于尝试,之后你会发现你所能够做到的连自己都感到惊异。

35岁以前,乔·吉拉德经历过许多失败。记得那次惨重失败以后,朋友都弃他而去。但乔·吉拉德说:"没关系,笑到最后才算笑得最好。"他望着一座高山,说:"我一定会卷土重来。"他紧盯的是山巅,而旁边这么多小山包,他一眼都不会看。

3年以后,他成了全世界最伟大的汽车销售员,"因为我相信我能做到。"

五、爱的信息是唯一的诀窍

乔·吉拉德说:"是否有人不相信,我怎么编出这样的故事?我要打开你的脑海、你的心。让你们知道,我能做到的你们也能做到,我并不比你们好多少。"

乔·吉拉德自信地说:"我打赌,如果你从我手中买车,到死也忘不了我,因为你是我的!"

"我卖车有些诀窍。就是要为所有客户的情况都建立系统的档案。我每月要发出1.6万张卡,并且无论买我的车与否,只要与我有过接触,我都会让他们知道我记得他们。我寄卡的所有意思只有一个字:爱。世界500强中,许多大公司都在使用我创造的这套客户服务系统。我的这些卡与垃圾邮件不同,它们充满爱。我每天都在发出爱的信息。"

"有件事很重要,大家都要对自己保证,保持热情的火焰永不熄灭,而不像有些人起起伏伏。"

六、你就是唯一

一定要与成功者为伍,以第一为自己的目标。乔·吉拉德以此为原则处世为人。他的衣服上通常会佩戴一个金色的"1"。有人问他,因为你是世界上最伟大的汽车销售员吗?他给出的答案是否定的。他说,我是我生命中最伟大的!没有人跟我一样。上帝造了你后,就把模具毁掉了,这就是你的标志。就算没有指纹,也能在众多人中识别你:你的声音与众不同,通过声纹可以找到你;你的气息也区别于他人。千万不要自怜,挖一个洞,钻进去,说,"可怜的我!"

"如果看到一个优秀的人,就要挖掘他的优秀质量,移植到你自己身上。"

一位医生告诉乔·吉拉德,每个人体内有一万个发动机。乔·吉拉德家最外面的门上有一句话:把所有发动机全部起动。

他每天这样离开家门:观察身上所有细节,看看自己是否会买自己的账。一切准备好,手握在门把手上,打开门,像豹子一样冲出去。乔·吉拉德对自己说:"I feel good(我感觉不错)!""I feel great(我感觉真棒)!""I'm Number one(我是最好的)!"

"每个人的生活都有问题,但我认为问题是上帝给我的礼物,每次出现问题,把它解决后,你就会变得比以前更强大。35 岁时,我是个彻头彻尾的穷光蛋,甚至连妻子和孩子的吃喝都成了问题。我去卖汽车,是为了养家糊口。"

"一切由我决定,一切由我控制。"

"一切奇迹都要靠自己创造。"

活动评价

活动评价表见表 4-1-1。

活动评价表　　　　　　表 4-1-1

评分项	是否达到目标（30%）	活动表现（40%）	职业素养（30%）
评价标准	1. 完全达到； 2. 基本达到； 3. 未能达到	1. 积极参与； 2. 主动性一般； 3. 未积极参与	1. 大有提高； 2. 略有提高； 3. 没有提高
自我评价(20%)			
组内评价(20%)			
组间评价(30%)			
教师评价(30%)			
总分(100%)			
自我总结			

任务二　认识学习成长规划

任务目标

(1) 能够在网络、书刊上查找学习成长规划范文。

(2) 根据范文,能够说出学习成长规划所包含的主要内容。

活动:七嘴八舌一起说

学习成长规划是我们对未来的学校学习生涯的一个整体规划。通过了解学长们的学习成长规划,我们可以借鉴学哥学姐们的经验,更好地了解认识学习成长规划。

在本次活动中,我会将我认为最好的学习成长规划分享给我的小伙伴们并认真聆听他们的分享,我们将一起认识学哥学姐们的优秀的学习成长规划。

活动场景

本学期就要接近尾声了,相信各位小伙伴们都对自己的未来充满想象;对成为高年级的学哥学姐那样优秀而自信的校园风云人物而充满了期待。那么,就请各个小组的小伙伴们各显神通,收集你喜欢的学哥学姐的成长规划,并分享给大家吧。

活动目标

(1)熟练使用现有工具检索信息(网络信息、图书馆馆藏信息等)。
(2)快速准确地提取文章关键词。
(3)将检索到的信息介绍给小伙伴。

活动计划

1. 分工
3 名信息收集员:_____   2 信息记录员:_____
2 名信息处理员:_____   1 信息分享员:_____
2. 设备准备

3. 信息记录

项目四 汽车技术服务与营销专业学习成长规划

_____
_____
_____
_____

4.信息处理

_____
_____
_____
_____
_____

活动资源

一、学校图书馆（图 4-2-1）

二、网络资源（图 4-2-2）

图 4-2-1　学校图书馆　　　　　图 4-2-2　计算机教室

三、优秀范文——大学生个人成长规划范文

人们都说："大学是半个社会。"就是这种大学与高中的落差对刚刚走出象牙塔的我们而言，无疑是一道极难跨越的鸿沟，在最初的新奇与喜悦暗淡之后，迎面而来的便是无尽的困惑与迷惘。而此时对自己做一个认真而深入的剖析，为自己量身打造一份成长计划便是尤为重要的。

大学生成长计划，换一个角度来理解，就是对我们心中的那片理想天地做一个具体执行的描绘。我们给自己的学习生活做一个较系统而细致的安排，对自己的职业生涯进行规划,为自己的梦插上翅膀。美好的愿望是根植在坚实的土地上的。从现在开始,坚实脚下的土地,力争主动,规划我们的未来,为人生的绚烂多姿添彩。

1. 认知自我

古希腊德尔菲神庙里"认识你自己"的箴言不仅仅是要唤醒人们的人文关怀,同时也指出了认识自我的意义和困难。规划未来,必须了解自我。

1)自我评价

我个人觉得我是一个性格开朗有责任感的人。我有极强的创造欲,乐于创造新颖、与众不同的结果,渴望表现自己,实现自身的价值。追求完美,具有一定的艺术才能和个性,乐观自信,好交际,能言善辩,谦逊,善解人意,乐于助人,细致,做事有耐心。

2)我的优势

我小时候生活较艰辛,以致我对生活有更深入的认识,我并不认为生活中人们遇到挫折,是什么命运的不公,相反,他对人有一种督促作用,让人越挫越勇,人生经历一些挫折,是对人的一种磨砺,让人变得更坚强,对生活中的事情变得更有勇气。父母从小对我严厉的教育,使我时刻保持严于律己的生活态度。

3)我的劣势

于追求完美导致我做事过于理想化,脱离实际,家庭经济基础薄弱,人脉较少。

2. 社会分析

改革开放以来,我国经济飞速发展,根据国家政策,环渤海地区可望异军突起。黄骅港的建设,以其强大的吞吐吸纳作用,将带动整个环渤海地区的经济滚动前进。

由此观之,我所学习的专业正是港口水利工程,鉴于黄骅港的发展前景及人员需求,就业前景相当可观。

3. 学习生活计划

1)大学一年级

端正学习态度,严格要求自己,了解大学生活,了解专业知识,了解专业前景,了解大学期间应该掌握的技能以及以后就业所需要的证书。认真学习基础课程,尤其是英语和高数,作为一个工科生,高数是一切学习的基础,同时为考研做准备。下半学期通过大学英语四级考试和大学计算机一级考试。积极参与外联部工作,培养工作能力。

2)大学二年级

通过大学英语六级考试;通过计算机二级考试;熟悉掌握专业课知识,竞选外联部负责人,并在节假日时期进行初步的实习。

3)大学三年级

提高求职技能,搜集公司信息。主要的内容有:撰写专业学术文章,提出自己的见解;参加和专业有关的暑期工作,和同学交流求职工作心得体会;学习写简历、求职信;同时细致复习大学课程为考研做准备。

4)大学四年级

目标应锁定在工作申请及成功就业上,积极参加招聘活动,在实践中检验自己的积累和准备。积极利用学校提供的条件,强化求职技巧,进行模拟面试等训练,尽可能地做出充分准备。与此同时,做好第二条准备——考研。

4. 求职计划

随着经济高速发展的社会,人们的生活日益安逸,但随着工作压力的增加,生活压力的增大,生活方式的不合理化,人们的日常生活秩序被打乱,也就凸显出越来越多的心理方面的问题,这就更加要求我们更加努力地去学习心理学知识。

(1)学位证书、资格证书是我们求职或是创业的敲门砖,是一个公司以及一个资助者支持你和招聘人才的首要条件,因此,我们要在大学生期间,拿到相关的证书。

(2)公司招聘人才看的不仅是文凭和证书,更多的是注重的个人的能力与素质,所以,我们在大学期间学习的同时,还在注重的是个人素质的提高和能力的培养。

(3)对于刚毕业的大学生来说,经验的缺乏是一个很突出的问题,要想在众多应聘者中脱颖而出,就要在变方面占优势才行,这对于自主创业也是很有帮助的,所以,我们还要在大学生活中积累更多的工作经验,这一方面可以通过兼职来实现,但在其过程中,要懂得总结经验。

(4)要在大四之前把简历制作好,留下更多的时间来找工作。

(5)要时刻关注招聘信息,积极参加招聘活动,在公司选择我们的同时,也选择一个适合自己的公司。

(6)要时刻注意最新的发展动态,关注时事,了解社会信息,掌握自主创业的优势条件和劣势,更好地把握成功的条件。

5. 总结

任何目标,只说不做到头来都会是一场空。然而,现实是未知多变的,确定好的目标计划随时都可能遭遇问题,这便要求我们要有清醒的头脑。一个人,若要获得成功,必须拿出勇气,付出努力、拼搏、奋斗。成功,不相信眼泪;未来,要靠自己去打拼!实现目标的历程需要付出艰辛的汗水和不懈的追求,不要因为挫折而畏缩不前,不要因为失败而一蹶不振;要有屡败屡战的精神,要有越挫越勇的气魄;成功最终会属于你的,每天要对自己说:"我一定能成功,我一定按照目标的规划行动,坚持直到胜利的那一天。"既然选择了认准了是正确的,就要一直走下去。现在我要做的是,迈出艰难的一步,朝着这个规划的目标前进,要以满腔的热情去守候这份梦,放飞梦想,实现希望。

活动评价

活动评价表见表 4-2-1。

活动评价表　　　　　　　表 4-2-1

评分项	是否达到目标 (30%)	活动表现 (40%)	职业素养 (30%)
评价标准	1. 完全达到; 2. 基本达到; 3. 未能达到	1. 积极参与; 2. 主动性一般; 3. 未积极参与	1. 大有提高; 2. 略有提高; 3. 没有提高
自我评价(20%)			
组内评价(20%)			
组间评价(30%)			
教师评价(30%)			
总分(100%)			
自我总结			

项目四　汽车技术服务与营销专业学习成长规划

任务三　知道学习成长规划过程

任务目标

(1) 能够在同组成员的帮助下总结出自己的优缺点。
(2) 能够理顺在校期间的学习流程,并以图文的方式展示。
(3) 对自己感兴趣的职业或未来可能从事的行业有初步的了解,并向小伙伴们介绍。

任务内容

活动一：对号入座

自我认知指的是对自己的洞察和理解,包括自我观察和自我评价。自我观察是指对自己的感知、思维和意向等方面的觉察;自我评价是指对自己的想法、期望、行为及人格特征的判断与评估。

在自我认知的过程中我们可能会遇到各种问题导致我们不能全面客观地认识自己,所以我们就需要在小伙伴们的帮助下完成自我认知。

活动场景

小组成员根据自己平时对其他成员的观察了解,以不记名的方式分别将组内每一名成员优点和缺点写在下面方框中,并在反面写下你所描述的同学的姓名。全部写完后正面向上贴到展板上。小组成员阅读展板上的内容,并找出与自己优缺点相关描述的贴纸,在贴纸下面写上自己的名字。

所有同学都完成后由组长宣布答案,各组员记录别人对自己的评价与自我认识的区别。

活动目标

(1) 能客观准确地评价他人。

(2)能客观的认识自己。

(3)能找出自我认识与他人评价之间的区别。

活动计划

1. 分工

活动组织者：_____　　　监督员：_____

活动参与者：_____

2. 材料准备

优点：

缺点：

优点：

缺点：

项目四　汽车技术服务与营销专业学习成长规划

优点：

缺点：

优点：

缺点：

3.活动总结

_____
_____
_____
_____

活动二：挑战飞行棋

　　各位小伙伴们，经过了一学期的学习，大家应该基本上知道了我们在校期间的学习安排了吧！我想大家应该对我们在校的生活、将来的就业有了一个初步的打算，现在我们就一起分享一下吧。

活动场景

各小组根据本学期所学内容,将我们每个学期要学习的课程、要举行的活动、参加的考试、技能比赛等以时间为主线画成飞行棋棋盘,并根据自己的喜好设置陷阱,将课程目标或职业目标作为问题提问。

飞行棋棋盘画好后向全班展示、讲解玩法,然后邀请其他小组成员参与游戏。

活动目标

(1)能够说出在校期间各学年的课程设置以及各课程的目标,并制订出自己的学习目标。

(2)对自己的职业有初步的打算,并能说出实现打算的方法。

活动计划

确定好人员分工。

1 名策划:＿＿＿＿＿＿＿＿＿＿＿＿　　3 名信息收集人员:＿＿＿＿＿＿＿＿＿

3 信息整理人员:＿＿＿＿＿＿＿＿＿　　2 名棋盘绘制人员:＿＿＿＿＿＿＿＿＿

1 名棋盘讲解员:＿＿＿＿＿＿＿＿＿　　1 名颁奖人员:＿＿＿＿＿＿＿＿＿＿＿

1 名比赛裁判:＿＿＿＿＿＿＿＿＿＿

活动资源

一、飞行棋棋盘参考图(图 4-3-1)

a)

b)

图　4-3-1

c)

图 4-3-1　飞行棋棋盘参考图

二、课程设置及目标

参考本书项目二。

三、职业目标达成方法——面试技巧和注意事项

1. 基本注意事项

（1）要谦虚谨慎。面试和面谈的区别之一就是面试时对方往往是多数人,其中不乏专家、学者,求职者在回答一些比较有深度的问题时,切不可不懂装懂,不明的地方就要虚心请教或坦白说不懂,这样才会给用人单位留下诚实的好印象。

（2）要机智应变。当求职者一人面对众多考官时,心理压力很大,面试的成败大多取决于求职者是否能机智果断,随机应变,能当场把自己的各种聪明才智发挥出来。首先,要注意分析面试类型,如果是主导式,你就应该把目标集中投向主考官,认真礼貌地回答问题;如果是答辩式,你则应把目光投向提问者,切不可只关注甲方而冷待乙方;如果是集体式面试,分配给每个求职者的时间很短,事先准备的材料可能用不上,这时最好的方法是根据考官的提问在脑海里重新组合材料,言简意赅地作答,切忌长篇大论。其次要避免尴尬场面,在回答问题时常遇到这些情况未听清问题便回答,听清了问题自己一时不能作答,回答时出现错误或不知怎么答的问题时,可能使你处于尴尬的境地。避免尴尬的技巧是:对未听清的问题可以请求对方重复一遍或解释时回答不出可以请求考官提下一个问题,等考虑成熟后再回答前一个问题;遇到偶然出现的错误也不必耿耿于怀而打乱后面的问题。

(3) 要扬长避短。每个人都有自己的特长和不足,无论是在性格上还是在专业都是这样。因此在面试时一定要注意扬我所长,避我所短。必要时可以婉转地说明自己的长处和不足,用其他方法加以弥补。例如有些考官会问你这样的问题:"你曾经犯过什么错误吗?"你这时候就可以选择这样回答:"以前我一直有一个粗心的毛病,有一次实习的时候,由于我的粗心把公司的一份材料弄丢了,害的老总狠狠地把我批评了一顿。后来我经常和公司里一个非常细心的女孩子合作,也从她那里学来了很多处理事情的好办法,一直到现在,我都没有因为粗心再犯什么错。"这样的回答,既可以说明你曾经犯过这样的错误,回答了招聘官提出的问题,也表明了那样的错误只是以前出现,现在已经改正了。

(4) 显示潜能。面试的时间通常很短,求职者不可能把自己的全部才华都展示出来,因此要抓住一切时机,巧妙地显示潜能。例如,应聘会计职位时可以将正在参加计算机专业的业余学习情况"漫不经心"地讲出来,可使对方认为你不仅能熟练地掌握会计业务,而且具有发展会计业务的潜力;报考秘书工作时可以借主考官的提问,把自己的名字、地址、电话等简单资料写在准备好的纸上,顺手递上去,以显示自己写一手漂亮字体的能力等。显示潜能时要实事求是、简短、自然、巧妙,否则也会弄巧成拙。

2. 面试时如何消除紧张感

由于面试成功与否关系求职者的前途,所以大学生面试时往往容易产生紧张情绪,有的大学生可能还由于过度紧张导致面试失败。所以紧张感在面试中是常见的。紧张是应考者在考官面前精神过度集中的一种心理状态,初次参加面试的人都会有紧张感觉,慌慌张张、粗心大意、说东忘西、词不达意的情况是常见的。那么怎样才能在面试时克服、消除紧张呢?

(1) 要保持"平常心"。在竞争面前,人人都会紧张,这是一个普遍的规律,面试时你紧张,别人也会紧张,这是客观存在的,要接受这一客观事实。这时你不妨坦率地承认自己紧张,也许会求得理解。同时要进行自我暗示,提醒自己镇静下来,常用的方法是或大声讲话,把面对的考官当熟人对待;或掌握讲话的节奏,"慢慢道来";或握紧双拳、闭目片刻,先听后讲;或调侃两三句等,都有助于消除紧张。

(2) 不要把成败看得太重。"胜败乃兵家常事",要这样提醒自己,如果这次不成,还有下一次机会;这个单位不聘用,还有下一个单位面试的机会等着自己;即使求职不成,也不是说你一无所获,你可以在分析这次面试过程中的失败,总结经验得出宝贵的面试经验,以新的姿态迎接下一次的面试。在面试时不要老想着面试结果,要把注意力放在谈话和回答问题上,这样就会大大消除你的紧张感。

(3)不要把考官看得过于神秘。并非所有的考官都是经验丰富的专业人才,可能在陌生人面前也会紧张,认识到这一点就用不着对考官过于畏惧,精神也会自然放松下来。

(4)要准备充分。实践证明,面试时准备得越充分,紧张程度就越小。考官提出的问题你都会,还紧张什么?"知识就是力量",知识也会增加胆量。面试前除了进行道德、知识、技能、心理准备外,还要了解和熟悉求职的常识、技巧、基本礼必要时同学之间可模拟考场,事先多次演练,互相指出不足,相互帮助、相互模仿,到面试时紧张程度就会减少。

(5)要增强自信心。面试时应聘者往往要接受多方的提问,迎接多方的目光,这是造成紧张的客观原因之一。这时你不妨将目光盯住主考官的脑门,用余光注视周围,既可增强自信心又能消除紧张感;在面试过程中,考官们可能交头接耳,小声议论,这是很正常的,不要把它当成精神负担,而应作为提高面试能力的动力,你可以想象他们的议论是对你的关注,这样你就可以增加信心,提高面试的成功率。面试中考官可能提示你回答问题时的不足甚至错误,这也没有必要紧张,因为每个人都难免出点差错,能及时纠正就纠正,是事实就坦率承认,不合事实还可婉言争辩,关键要看你对问题的理解程度和你敢于和主考官争辩真伪的自信的程度。

活动评价

活动评价表见表4-3-1。

活动评价表　　　　表4-3-1

评分项	是否达到目标 (30%)	活动表现 (40%)	职业素养 (30%)
评价标准	1. 完全达到; 2. 基本达到; 3. 未能达到	1. 积极参与; 2. 主动性一般; 3. 未积极参与	1. 大有提高; 2. 略有提高; 3. 没有提高
自我评价(20%)			
组内评价(20%)			

续上表

评分项	是否达到目标（30%）	活动表现（40%）	职业素养（30%）
组间评价(30%)			
教师评价(30%)			
总分(100%)			
自我总结			

任务四　撰写学习成长规划

（1）能够撰写出学习成长规划。
（2）能够熟练介绍自己的学习成长规划。

活动：演讲比赛

一份好的学习成长规划，应当包含四个方面的内容：自我认知（知道自己的优势和劣势，给自己一个客观的评价）；制订学习生活计划（提前规划好未来几年的学校生活）；制订求职计划（毕业后自己心仪的工作是什么样的，自己适合什么样的工作岗位）；计划总结（为了达到目标，自己需要付出什么样的努力）。

活动场景

举行班级演讲比赛，演讲的内容为"学习成长规划"，要求参赛选手提前做好学习成长规划PPT（图文并茂），比赛分初赛和决赛，初赛班内各组自行组织，初赛结束后，各组推荐一名同学参加班级决赛。

项目四　汽车技术服务与营销专业学习成长规划

活动目标

（1）能将自己撰写的"学习成长规划"配上图片做成PPT。

（2）能在规定时间内，配合PPT将自己的"学习成长规划"用普通话流利地表达出来。

活动计划

1. 分工

3~4名评委：_____　　1名主持人：_____

1名摄像：_____　　　1名拍照人员：_____

2名比赛策划：_____　1名颁奖人员：_____

1名宣传人员：_____

2. 设备准备

_____

3. 制订演讲比赛策划方案

_____
_____
_____
_____
_____

4. 制订演讲比赛评分比准

_____
_____
_____
_____
_____

活动资源

演讲技巧一般认为有以下几点。

一、做好演讲的准备

包括了解听众，熟悉主题和内容，搜集素材和资料，准备演讲稿，作适当的演练等。

二、选择优秀的演讲者

优秀的演讲者包括下述条件。
(1)演讲者具有较强的语音能力和技巧。
(2)演讲者的热情。
(3)演讲者的理智与智慧。
(4)演讲者的仪表状态。

三、运用演讲艺术

包括开场白的艺术、结尾的艺术、立论的艺术、举例的艺术、反驳的艺术、幽默的艺术、鼓动的艺术、语音的艺术、表情动作的艺术等。通过运用各种演讲艺术,使演讲具备两种力量:逻辑的力量和艺术的力量。

四、演讲时的姿势

演讲时的姿势也会带给听众某种印象,例如堂堂正正的印象或者畏畏缩缩的印象。虽然个人的性格与平日的习惯对此影响颇巨,不过一般而言仍有方便演讲的姿势,即所谓"轻松的姿势"。要让身体放松,反过来说就是不要过度紧张。过度的紧张不但会表现出笨拙僵硬的姿势,而且对于舌头的动作也会造成不良的影响。

五、演讲时的视线

在大众面前说话,不可以漠视听众的眼光,避开听众的视线来说话。尤其当你走到麦克风旁边站立在大众面前的那一瞬间,来自听众的视线有时甚至会让你觉得紧张。克服这股视线压力的秘诀,就是一面进行演讲,一面从听众当中找寻对于自己投以善意而温柔眼光的人。

六、演讲时的脸部表情

演讲时的脸部表情无论好坏都会带给听众极其深刻的印象。紧张、疲劳、喜悦、焦虑、等情绪无不清楚地表露在脸上,这是很难由本人的意志来加以控制的。演讲的内容即使再精彩,如果表情缺乏自信,老是畏畏缩缩,演讲就很容易变得欠缺说服力。

七、演讲时的声音和腔调

声音和腔调乃是与生俱来的,不可能一朝一夕之间有所改善,但音质与措辞对于整个演说影响颇巨。让自己的声音清楚地传达给听众,即使是音质不好的人,如果能够秉持自己的主张与信念的话,依旧可以吸引听众的热切关注。说话的速度也是演讲的要素,为了营造沉着的气氛,说话稍微慢点是很重要的。

活动评价

活动评价表见表4-4-1。

活动评价表　　　　　　　　表4-4-1

评分项	是否达到目标（30%）	活动表现（40%）	职业素养（30%）
评价标准	1. 完全达到； 2. 基本达到； 3. 未能达到	1. 积极参与； 2. 主动性一般； 3. 未积极参与	1. 大有提高； 2. 略有提高； 3. 没有提高
自我评价(20%)			
组内评价(20%)			
组间评价(30%)			
教师评价(30%)			
总分(100%)			
自我总结			

参 考 文 献

[1] 裘文才. 二手车评估[M]. 2版. 北京:人民交通出版社股份有限公司,2016.

[2] 郑超文. 汽车营销[M]. 北京:人民交通出版社,2013.

[3] 荆叶平. 汽车保险与理赔[M]. 北京:人民交通出版社股份有限公司,2017.

[4] 卫云贵. 汽车配件管理[M]. 北京:人民交通出版社,2013.

[5] 李景芝. 汽车维修服务接待[M]. 2版. 北京:人民交通出版社股份有限公司,2017.

[6] 杨建良. 汽车维修企业管理[M]. 北京:人民交通出版社股份有限公司,2015.

[7] 任庆凤,李兴华. 职业素养与就业指导[M]. 北京:机械工业出版社,2018.

[8] 王绍乾,李新雷. 职业生涯规划与就业指导[M]. 吉林:延边大学出版社,2019.

[9] 刘涛. 中职学生安全防范与危险处理[M]. 北京:人民交通出版社股份有限公司,2019.

[10] 韩洁. 汽车商务礼仪[M]. 北京:机械工业出版社,2018.